Norbert Weiss

Systematische Prozessoptimierung

Begriffe · Motive · Werteorientierung

Norbert Weiss

Systematische Prozessoptimierung

Begriffe · Motive · Werteorientierung

RKW - Verlag

Düsseldorfer Straße 40
65760 Eschborn

RKW-Nr. 1518
ISBN 3-89644-265-1

Layout: RKW, Eschborn
Druck: KlarmannDruck, Kelkheim

Inhaltsverzeichnis

Vorbemerkungen 7

1 System – Prozess- Optimierung **11**
1.1 Begriffliche Grundlagen 11
1.2 Merkmale von (Geschäfts-)Prozessen 11
1.3 Prozess-Probleme 13
1.4 Prozess-Probleme und Komplexität 14
1.5 Prozess-Probleme und Ursachen 16

2 Motive menschlichen Handelns und Prozesse
in Unternehmen **18**
2.1 Individuelle Wahrnehmung 18
2.2 Motive und Lernprozesse 18

3 Um was geht's bei der systematischen Prozessoptimierung
eigentlich? **22**
3.1 Werteorientierung 22
3.2 Freiheit, Verantwortung und Autonomie 24

4 Systematische Prozessoptimierung für KMU neu gedacht **26**

5 Systematische Prozessoptimierung: Ein Praxisbeispiel **30**

6 Anforderungen an den betrieblichen
Prozessverantwortlichen **34**

Anmerkungen 36
Literaturempfehlungen 50
Zum Autor 55

Vorbemerkungen

„Gruppen und Organisationen verharren zuweilen in den ausgetretenen Pfaden.
Das ist zwar bequem, bringt aber nicht weiter. Gute Führungskräfte führen die Menschen heraus,
schaffen neue Visionen und Ziele. Dazu müssen sie das Bestehende aufbrechen. Nicht mit Gewalt,
das hat keinen Sinn, sondern durch Infragestellen."

Anselm Bilgri[1]

Kennen Sie das: Die betrieblichen Kosten steigen langsam aber stetig und die Erträge wachsen nicht in gleichem Maße mit. Gleichzeitig häufen sich die qualitativen Mängel in der Produktion und immer häufiger können die Liefertermine nicht mehr eingehalten werden, was meist mehr Nacharbeit und Sonderfahrten bedeutet. Gleichzeitig haben Sie als Geschäftsführer oder als leitende Führungskraft das Gefühl, es gibt eine Reihe von ungeklärten Schnittstellen und „unrund" laufenden Prozessen in Ihrem Unternehmen, die die Kunden- und Lieferantenbeziehungen mehr oder weniger stark belasten. Parallel dazu kommen von der Marktseite immer mehr deutlich vernehmbare Signale, die in Richtung „schneller", „billiger" und weniger Ausschuss weisen. Sie spüren dabei das Dilemma zwischen Qualität, Rentabilität und Zeit. Von Zeit zu Zeit kommt fast unwillkürlich immer mal wieder die (Existenz-) Frage auf: Wie können wir uns als KMU in diesem Umfeld nachhaltig behaupten? Wie schaffen wir es, dass in unserem Unternehmen eine Haltungsänderung bei den Führungskräften und auch bei den Mitarbeitern in Richtung Prozessdenken[2] Einzug hält? Brauchen wir dazu ein umfangreiches Prozesshandbuch und/oder lassen sich die Prozessbeschreibungen in unser Qualitätshandbuch integrieren? Wie werden die zukünftigen Audits laufen, die immer anspruchsvoller werden? Doch was, so mahnt das Gewissen, ist dann, wenn wir bei einer wie auch immer gearteten systematischen Optimierung unserer betrieblichen Prozesse in der näheren Zukunft sehr erfolgreich sind? Wie viele Mitarbeiter setzen wir dann möglicherweise frei und wie gehen wir damit um? Was sind der Endpunkt und die Leitplanken der mit der Prozessoptimierung angestoßenen Unternehmensentwicklung? Ist das dann noch das Unternehmen, für das wir auch in Zukunft Verantwortung übernehmen wollen? Müssen wir wirklich alles von den Konzernen übernehmen und nachmachen? Warum sollen wir immer weiter optimieren? Auf diese und ähnliche Fragen erwarten Sie zurecht eine Antwort, die auf Ihr Unternehmen praxisgerecht angewendet werden kann. Diese Antworten wollen wir in dieser Veröffentlichung versuchen zu geben, ohne der ohnehin überbordenden Prozessmanagement-Literatur eine weitere Veröffentlichung bereits bekannten Inhalts hinzuzufügen. Wir wählen dezidiert einen anderen Zugang und Zugriff auf das Thema.

Wir nähern uns dem Thema zunächst über die grundlegenden Wortbedeutungen der in diesem Zusammenhang auftretenden Begrifflichkeiten, die um die Themen Prozess, Prozess-Probleme und die damit einhergehende Komplexität in den Betrieben „kreisen", ehe wir auf die Haltung und die Motive der handelnden Personen in der Verbindung mit betrieblichen Prozessen eingehen. Das bildet die Basis zu einem grundlegend andersartigen Verständnis und einer neuen Haltung Prozessen gegenüber. Wir versuchen die Brücke zu schlagen von der Wahrnehmung über betriebliche Lernprozesse zu einer methodischen Vorgehensweise, die die neue Haltung der handelnden Personen mit dem, „was schon in der Vergangenheit gut lief," und den „in der Luft liegenden" Verbesserungsideen zur Neugestaltung von betrieblichen Prozessen systematisch und ergänzend verbindet. Wie das in der Praxis gehen kann, wollen wir anhand eines Praxisbeispiels darstellen, nachdem wir seit Ludwig Wittgenstein[3] und Steve de Shazer[4] wissen, dass Theorien und Modelle nicht bewiesen werden können, sondern es kann nur gezeigt werden, unter welchen Bedingungen sie anwendbar sind und unter welchen nicht. Abschließend beschäftigen wir uns mit den praxisorientierten Anforderungen an diejenigen handelnden Personen in KMU, die sich für die betrieblichen Prozesse verantwortlich fühlen.

Diese Veröffentlichung bewegt sich absichtlich auf zwei verschiedenen Ebenen. Die erste Ebene bildet den Haupttext mit der Entwicklung der Kerngedanken, die sich um eine größtmögliche Verständlichkeit und Zugänglichkeit für Praktiker bemüht, und eine zweite Ebene mit Anmerkungen für den darüber hinaus interessierten Leser. Dabei sei ein Lesehinweis an dieser Stelle erlaubt: Lesen Sie die Anmerkungen besser in einem zweiten Lesedurchgang, da sie den Fluss der Kerngedankenentwicklung erheblich erschweren und unterbrechen können. Nichtsdestotrotz finden Sie in den Anmerkungen tiefergehende Erläuterungen und Darstellung von Zusammenhängen, die wichtig sind, aber im Hauptteil nur stören würden.

Sie haben das richtige Büchlein, wenn Sie für folgende Funktionen oder Handlungsfelder in KMU verantwortlich sind: Geschäftsführer, Betriebsleiter, Produktionsleiter, Qualitätsbeauftragter, Koordinator für das betriebliche Vorschlagswesen und oder für den Kontinuierlichen Verbesserungs-prozess (KVP), Führungskräfte, die auf der Suche nach einem Führungsstil sind, der motivierend wirkt und die Eigenverantwortung der Mitarbeiter im Zusammenhang mit Projektmanagement stärkt oder interessierte Mitarbeiter (Moderatoren, Projektleiter, Nachwuchsführungskräfte und Potentialträger).

1 System-Prozess-Optimierung

1.1 Begriffliche Grundlagen

Prozess[1]: Bedeutet „*Fortgang, Fortschreiten*" im Sinne von „*vorwärtsgehen, vorrücken, vortreten*". Veränderung bedeutet demnach Prozess. Aber Prozesse sind nach Gregory Bateson selbst der „Veränderung" unterworfen. Mithin kann sich der Prozess beschleunigen, sich verlangsamen, oder andere Typen der Veränderung durchlaufen, so dass wir letzlich sagen werden, dass es sich nunmehr um einen (gänzlich) „anderen" Prozess handelt. Die denkbar einfachste und bekannteste Form der Veränderung ist die Bewegung. „Ein Unterschied, der durch die Zeit auftritt, wird „Veränderung" genannt." [2] Mit dem Organisationsforscher Karl E. Weick impliziert ein Prozess Unbeständigkeit, weswegen sie permanent neu verwirklicht werden müssen. Nach Weick gibt es in Unternehmen drei Prozesse, die das Organisieren ausmachen: gestalten – auswählen – festhalten.[3]

System/systematisch[4]: Das Wort kommt aus dem griechischen und bedeutet „*Zusammen-stellung*" und „*stellen, aufstellen*".

Methode[5]: Der Begriff ist dem griechischen „*méthodos*" in der ursprünglichen Bedeutung von „*der Weg auf ein Ziel hin*" entlehnt.

Optimierung[6]: Basiert auf dem lateinischen „Optimum" im Sinne von „*günstigster erreichbarer Wert*".

Kaizen[7]: Der Begriff kommt aus dem Japanischen und ist dort ein umgangssprachlicher Begriff, mit dem allgemein Verbesserungen beschrieben werden. Auf Unternehmen angewendet bedeutet Kaizen generell Verbesserungen im Arbeitsbereich. Wir verwenden Kaizen synonym für kontinuierliche Verbesserungen im Produkt- und Prozessbereich in KMU.

1.2 Merkmale von (Geschäfts-)Prozessen[8]

(Geschäfts-)Prozess, verstanden als „*vorwärtsgehen*" meint im betrieblichen Kontext eine Folge von einzelnen Funktionen, Aufgaben oder Aktivitäten, die nacheinander (sequentiell) oder nebeneinander (parallel) ablaufen. Diese Funktionen dienen einem bestimmten, genau spezifizierten Unternehmenszweck. Geschäftsprozesse lassen sich durch Ereignisse abgrenzen, d.h., sie werden von Ereignissen ausgelöst und durch Ereignisse abgeschlossen, wie beispielsweise ein Bestellvorgang. Geschäftsprozesse sind üblicherweise bereichsübergreifend und erstrecken sich daher über mehrere Verantwortungsbereiche im Unternehmen. Lediglich in Kleinstbetrieben liegt die Verantwortung fast vollständig in der Hand des Unternehmers als Person. Je nach Betrachtungsperspektive können das Mitarbeiter, Gruppen, Abteilungen, Ressorts oder Unternehmensbereiche sein. Insbesondere bei KMU sind die Geschäftsprozesse häufig nicht explizit beschrieben. Geschäftsprozesse zeichnen sich durch Wiederholungen aus und durch die Möglichkeit, diese zu standardisieren, wobei die jeweilige Abgrenzung solcher Prozesse ein unternehmensindividueller Vorgang darstellt. Mithin bestehen Freiheitsgrade in der Prozessgestaltung durch

- die Festlegung der zur Bearbeitung notwendigen Aktivitäten und deren Reihenfolge;

- die Zuordnung der Aktivitäten zu Mitarbeitern oder Abteilungen;

- die Entscheidung, ob Geschäftsprozesse selbst durchgeführt werden oder von einem Dienstleister zugekauft werden.

Erste Hinweise für Schwierigkeiten in Prozessen können sich aus dem Erkennen und Wahrnehmen von Störgrößen ergeben:

- Organisatorische Brüche:
    - Transportzeiten sind zu lang und unnötige Transporte
    - Wiederholte Einarbeitung
    - Ausschuss und Nacharbeit
    - Unnötige Bewegungsabläufe durch nicht fertigungsgerechtes Design
    - Wartezeiten an den Engpassstellen
    - Überproduktion
    - zu hohe Lagerbestände
    ...

- Informationstechnische Brüche: Informationen kommen nicht zum richtigen Zeitpunkt oder mit der gewünschten Aussagefähigkeit an.

- Parallele Tätigkeiten *„verhaken"* sich und der Prozess dauert zu lange mit der Folge, dass Prozesskennzahlen wie beispielsweise Qualität, Kosten & Produktivität *„aus dem Ruder laufen"*.

Grundsätzlich hat ein Unternehmen drei Ansatzpunkte für Maßnahmen zur Verbesserung von Geschäftsprozessen:

1. Strukturverbessernde Maßnahmen: Zentralisierung/Dezentralisierung, Segmentierung oder firmenübergreifende Kopplung von Geschäftsprozessen oder Organisationseinheiten.

2. Prozessverbessernde Maßnahmen:
   - Zusammenlegen/Parallelisieren von Tätigkeiten
   - Standardisierung der Ausgabenausführung
   - Bündelung von Prozessen
   - Eliminierung überflüssiger Arbeitsschritte
   - Umgestaltung von Ablaufschritten

3. Verbesserung der Arbeitssteuerung:
   - Gruppen- und Teamarbeit einführen oder verbessern
   - mehr Eigenverantwortung für die Mitarbeiter im Prozess
   - Flexibilisierung von Arbeitszeiten

1.3 Prozess-Probleme

„Probleme sind Probleme, weil sie aufrechterhalten werden. Sie werden einfach dadurch zusammengehalten, dass man sie als 'Probleme' beschreibt."

Steve de Shazer[9]

Etwas in Bezug auf betriebliche Prozesse als problemhaft zu bezeichnen, ist nur eine Möglichkeit, um den Geschehnissen im Unternehmen einen Sinn[10] zu geben. Ob ein Prozess ein Problem ist, das bearbeitet - also der Prozess optimiert - werden soll, hängt davon ab, wie die Prozessbeteiligten ihre Erfahrungen interpretieren.[11] *„Man kann zwar mit Gewalt die äußeren Umstände ändern, aber man kann nicht die anderen Menschen in ihrem Inneren ändern. Es wird sie vielleicht in den Widerstand treiben, aber sie nicht wirklich verändern."*[12] Ein Problem ist daher immer eine Ist-Situation, welche von einem betroffenen Beteiligten als unangenehm oder unbefriedigend empfunden wird, oder ein Soll-Zustand, von dem sich der Betroffene eine (signifikante) Verbesserung seiner individuellen Situation verspricht, oder eine sinnvolle Strategie, von der der Betroffene glaubt, vom der Ist-Situation zum Soll-Zustand kommen zu können. Eine unangenehme Situation ist dagegen dadurch gekennzeichnet, das es zwar wie das Problem den gleichen unangenehmen Ausgangspunkt/Ist-Situation hat, aber es fehlt ein realistisches Ziel und/oder eine Vorgehensweise, mit der der gedachte Soll-Zustand erreicht werden kann. Insofern erfüllt eine unangenehme Situation nicht die lösungsorientierte Entwicklungsperspektive wie das Problem, sondern der Betroffene kann sich lediglich mit der Situation abfinden, wie sie ist; mithin eine Resignation in Würde.[13] Wir wollen im Zusammenhang mit betrieblichen Prozess-Problemen in Anlehnung an die ursprüngliche Wortbedeutung lieber von *„Schwierigkeiten und*

Aufgaben" statt von Problemen sprechen.[14] Das damit bei den handelnden Personen verbundene Unbehagen gehört zu denjenigen Kräften, die die Wandlung in den Prozessen herbeiführen.

Hat sich die Geschäftsleitung entschieden, ein Prozess-Problem als Aufgabe anzunehmen und den in Rede stehenden Prozess zu optimieren, dann darf sie nicht aus dem Auge verlieren, dass Optimierungsverfahren ihrerseits Kosten produzieren, deren Optimierung dasselbe Problem aufwirft.[15] Damit ist eine grundlegende Paradoxie beschrieben, die eine andere Perspektive notwendig macht: Mit Hilfe der Erkenntnisse aus der Systemtheorie[16] können solche Paradoxien bearbeitet werden.

Nach Kurt Lewin[17] sind Wahrnehmung und der Problemlöseprozess wesensgleich. Wahrnehmung ist dabei kein passiver Zustand, sondern eine Art aktives Problem, also eine Aufgabe, die gelöst werden muss. Unsere Natur lenkt uns auf die unvollständige Gestalt, das ungelöste Problem oder das widersprüchliche Bild. Je wichtiger die Aufgabe, umso mehr Energie verwenden wir auf die *„unvollständige Gestalt"*, bis wir ein klares Bild haben und weitermachen können. Wenn die Aufgabe so wichtig ist, wir jedoch keine sinnvolle Lösung finden können, bleibt ein Teil unserer Wahrnehmungsenergie chronisch darin verstrickt. Das führt zu einem langfristigen schleichenden Verlust an Energie. Sie fehlt uns dann bei anderen Aufgaben.[18] Häufig ist ausreichend Information über begrenzte Bereiche eines zunächst unscharfen *„Problemwolkengebildes"* vorhanden, doch die beteiligten Individuen wissen nicht, wie sie diese Informationen in ein integriertes Gesamtgebilde fassen können.[19]

Die Prozessbeteiligten erzeugen unter Anleitung eines Workshopleiters (siehe Praxisbeispiel ab. S. **21**) gewissermaßen miteinander die betrieblichen Wirklichkeit, in der sie dann zusammenarbeiten. Wird ein solcher betrieblicher Prozess dann systematisch optimiert, dann erarbeiten sich Mitarbeiter und Führungskräfte gemeinsam eine Neukonstruktion des Prozesses dergestalt, dass die Verantwortlichen den Prozess nicht länger als problematisch empfinden.

1.4 Prozess-Probleme und Komplexität

Jeder Mensch verfügt über ein persönliches mentales Modell zur Reduktion der Wirklichkeit auf ein bearbeitbares Komplexitätsniveau. Diese meist unbewussten[20] mentalen Modelle bestimmen maßgeblich die (Analyse-)

Entscheidungen, ob und wenn ja welcher (Geschäfts-)Prozess als problematisch anzusehen ist. Eine Unternehmung betrachten wir dabei als ein soziales System, innerhalb dessen es entscheidend darauf ankommt, systematisch Prozessoptimierungen als Lernprozesse unter Einschluss aller Betroffenen zu gestalten. Wir verstehen vor diesem Hintergrund die systematische Prozessoptimierung als einen kontinuierlichen Lernprozess für die Betroffenen und damit für das Unternehmen insgesamt. Dabei ist darauf zu achten, dass die sich im Zuge dieses Lernprozesses nicht nur ein Synergiebewusstsein herausbildet, sondern gleichzeitig sich die mentalen Modelle und *„Bilder im Kopf"* der Betroffenen angleichen. Es gilt mithin einen *„gemeinsamen Bedeutungsspeicher"* für die relevanten Begriffe und Prozess-Teilschritte aufzubauen.

Mit dem Begriff *„Komplexität"* wird die Gesamtheit aller Merkmale eines Sachverhalts im Sinne aller Möglichkeiten eines bestimmten Zustandes umschrieben. Komplexität meint Vielschichtigkeit. Infolge dieser Vielschichtigkeit können nicht mehr alle Elemente eines Systems miteinander verknüpft werden. *„Komplexität ist das Problem der Probleme."*[21]

Ein betrieblicher Prozess ist umso komplexer,

- je mehr Elemente er umfasst und je größer die Zahl der Beziehungen zwischen diesen Elementen ist,

- je verschiedenartiger die Beziehungen sind und

- je ungewisser es ist, wie sich die Zahl der Elemente, die Zahl der Beziehungen und die Verschiedenartigkeit der Beziehungen im Zeitablauf verändern.[22]

Komplexitätsreduktion[23] und Komplexitätsproduktion sind Phasen in der kontinuierlichen Bewegung eines Unternehmens, die Ordnungsformen schaffen, auflösen, neu schaffen, umschichten und so fort. Komplexität kann nicht durch grobe Vereinfachung ignoriert werden. Komplexitätsreduktion ist demnach keine Abwehrstrategie des Unternehmens gegen eine irgendwie bedrohliche Umwelt[24], sondern primär eine Strategie des Umgangs des Unternehmens mit sich selbst.[25] Es sind in der Praxis immer wieder Komplexitätsschwellen wahrnehmbar, ab denen es nur noch hilft, auf Einfachheit umzuschalten. Ab dieser Schwelle sollte man nicht mehr versuchen, Abläufe rational zu verstehen, sondern es macht Sinn, nur die Ergebnisse zu kontrollieren, die man haben möchte.[26]

Weil wir Menschen nicht in der Lage sind, der Welt in ihrer ganzen Komplexität gerecht zu werden, produzieren wir nach Herbert Simon[27] vereinfachende Weltbilder und orientieren uns dabei an den Perspektiven der Organisationen, die unser Leben strukturieren. In diesem Sinne sind alle Menschen *„creatures of bounded rationality"*, wobei, sich mit dieser Beschränktheit ihrer Rationalität[28] zu arrangieren, ihr zentrales Lebensproblem ist. Den Grenzen menschlicher Rationalität trägt man deshalb am besten Rechnung, indem man Entscheidungen so arrangiert, dass die einzelnen Schritte des Entscheidungsprozesses nur auf solche Informationen angewiesen sind, die im einzelnen lokal verfügbar sind. Dieses Diskontieren der Zukunft macht die *„creatures of bounded rationality"* überhaupt erst entscheidungsfähig; wir belasten uns nicht mit dem Nachdenken über ferne Folgen.

„Oft ist das Problem selbst die Lösung eines ganz anderen Problems".[29] Wir neigen immer wieder dazu, kausale Zusammenhänge vorauszusetzen, ohne zu bemerken, dass die Individuen nicht in der Lage sind, Ursachen von Wirkungen eines Problems zu unterscheiden.

Die Diagnose ist − so komplex es klingen mag − eine *„Verkrüppelung"* des Zugangs zur potentiellen Komplexität im Unternehmen. Das heißt, die Mitarbeiter sind in ihrem eigenen zu engen stabilen Eigen-Verhalten gefangen und suchen verzweifelt einen Ausweg. Der Vorschlag lautet daher nicht Reduktion, sondern Expansion der Komplexität, gewissermaßen den ethischen Imperativ nach Heinz v. Foerster: *„Handle stets so, dass Du die Anzahl der Möglichkeiten vergrößerst!"*[30] Dazu passt auch die Abgrenzung der Komplexität von *„kompliziert"*: In der ursprünglichen Bedeutung von *„zusammenfalten und verwickeln"* sowie *„flechten und ineinanderfügen"*[31]. Oder wie William von Ockham gesagt haben würde: *„Führe niemals komplexe Beschreibungen ein, wenn es einfache auch tun."*[32]

1.5 Prozess-Probleme und Ursachen

Möglicherweise existiert in der Wahrnehmung der handelnden Personen in KMU ein Prozess-Problem, weil eine Lösung schon „in der Luft liegt" und sich verwirklichen möchte, bzw. weil eine bestimmte Konstellation geistig vorhanden ist und physisch Gestalt annehmen möchte. Das Problem veranlasst dann die Menschen in Unternehmen, sich der besagten Lösungskonstellation zuzuwenden. Am Anfang der Lösungsarbeit steht der Zweck. Damit dieser Zweck sich erfüllen kann, bedarf es einer bestimmten Situation, die der oder die Mitarbeiter und Führungskräfte als problematisch empfinden. Und damit diese Lösungssituation herbeigeführt werden kann, bedarf es der Sache, die üblicherweise als Ursache bezeichnet wird.[33] Dabei ist mit Gregory Bateson Logik ein „armseliges Modell von Ursache und Wirkung".[34] Erfahrungsgemäss laufen häufig die Entscheidungsträger in Unternehmen Gefahr, beim Glauben an eindeutige Ursache-Wirkungszuschreibungen die Hauptsache zu vergessen: den genauen Blick auf den Prozess selbst.[35]

Schon seit David Hume wissen wir, dass kein Gegenstand und damit auch kein Prozess jemals durch seine Eigenschaften die Ursachen enthüllt, die ihn hervorgebracht haben, oder die Wirkungen, die aus ihm entstehen werden. Darüber hinaus kann das menschliche Denken ohne Erfahrungs- und Kontextwissen nie auf das wirkliche Dasein und auf Tatsachen schließen. Mit Hume sind somit alle Erfahrungsschlüsse Folgen der Gewohnheit und eben nicht der Vernunft.[36] Hume: *„Die Existenz eines Wesens kann somit nur mit Argumenten aus seiner Ursache oder Wirkung bewiesen werden, und diese Argumente gründen einzig in der Erfahrung. Urteilen wir a priori, so scheint jedes Ding jedes hervorbringen zu können. Erfahrung allein belehrt uns über Natur und Grenzen von Ursache und Wirkung und befähigt uns, die Existenz eines Gegenstandes aus einem anderen herzuleiten. Das ist die Grundlage der moralischen Urteile, die den größeren Teil menschlichen Wissens bilden und die Quelle alles menschlichen Handelns und Verhaltens sind."*[37]

Bei der Lösung von Prozess-Problemen gehen Unternehmen typischerweise so vor, dass sie die Ursache des Problems zu ergründen, um es dann zu beseitigen versuchen. Diese Methode funktioniert in knapp der Hälfte aller Fälle auch recht gut. In vielen Fällen gelingt es allerdings nicht, die Ursache bestimmen zu können. Darüber hinaus gibt es Prozess-Situationen, in denen zwar Ursachen bestimmt werden, diese aber nicht beseitigt werden können, weil sie in der menschlichen Natur begründet sind. In allen Fällen müssen Unternehmen eine weitergehende Vorgehensweise festlegen, wie es weitergehen kann, selbst wenn die Problemursache nicht zu beseitigen ist.[38] Vor diesem Hintergrund spielt die menschliche Natur bei Prozess-Problemen in KMU eine nicht zu vernachlässigende Rolle. Diese menschliche Natur ist wesentlich bestimmt durch individuelle (Handlungs-)Motive und die wiederum basieren auf individueller Wahrnehmung.

2 Motive menschlichen Handelns und Prozesse in Unternehmen

2.1 Individuelle Wahrnehmung

„Alle Wahrnehmungen werden grundsätzlich unbewusst verarbeitet, ehe sie gegebenenfalls bewusst werden.“[1] Die menschlichen Sinnesorgane fokussieren die individuelle Wahrnehmung schon durch ihre Funktionsweise auf einen sehr kleinen Ausschnitt des Geschehens in der Welt. Dieser Ausschnitt bezieht sich auf den für das Überleben des Individuums notwendigen Bereich. Wahrnehmung beruht also nicht auf einer direkten Abbildung des Weltgeschehens, sondern auf das individuelle Überleben fokussierte Repräsentation der Welt im menschlichen Gehirn. Eine von der individuellen Wahrnehmung unabhängige Welt – gleichsam die objektive Welt - existiert im Erleben der Menschen überhaupt nicht.[2] Die Systemtheoretiker bauen auf den Erkenntnissen der Neurologie auf und verknüpfen Wahrnehmung und individuelle Ressourcen im Unternehmen. *„Bei allem, was ich denke, beobachte ich mit, dass ich gleichzeitig etwas anderes nicht denke. Ich schalte nicht nur zwischen Wahrnehmung und Denken hin und her, sondern ich schalte zwischen dem Denken einer Sache und dem Nichtdenken einer anderen Sache hin und her. Und dieses Nichtdenken einer anderen Sache ist die Ressource, die ich irgendwann nutzen kann, die also in diesem Sinne intelligent macht. Diese Ressource kann ich nutzen, um in einer sonst unbewältigbaren Situation vielleicht doch einen Einfall parat zu haben.“*[3] Darüber hinaus haben nach Dirk Baecker Unternehmen generell große Schwierigkeiten, die Bedeutung von Umweltbedingungen für das eigene Überleben wahrzunehmen. Aus diesem Grund werden zwar dramatische Veränderungen der Unternehmensumwelt wahrgenommen, nicht aber schleichende Veränderungen der Umwelt und deren Auswirkungen auf das eigene Unternehmen. Für die „langsamen“ Veränderungen sind die Unternehmen sozusagen nicht misstrauisch genug.[4]

2.2 Motive und Lernprozesse

Mit George Spencer Brown können wir festhalten, dass in Bezug auf Prozesse in Unternehmen von Mitarbeitern keine sinnvolle Unterscheidung darüber gemacht werden kann, - etwa welche Teilschritte zu diesem Prozess dazugehören und welche nicht, oder ob ein Prozess *„gut“* oder *„schlecht“* läuft -, ohne die Motive im Sinne von Beweggründen desjenigen zu berücksichtigen, der diese Unterscheidung trifft.[5] Nicht zuletzt vor diesem Hintergrund spielt es immer wieder in der unternehmerischen Prozessoptimierungspraxis eine entscheidende Rolle, auf die Haltungen und die Motive der handelnden Personen einzugehen. Werden die Haltungen nicht motiv- und menschbildorientiert synchronisiert, laufen Veränderungsprozesse auf der Strukturebene genauso ins Leere, wie die systematische Prozessoptimierung, weil sich kein deutlich wahrnehmbarer Sinn der Veränderungsbewegungen ergibt und somit die Energie für die anstehenden Lernprozesse erfahrungsgemäß nicht ausreicht. Lernprozesse haben drei Dimensionen:

- Erstens sind die Lernprozesse der Beteiligten nicht von den „*Eigenheiten*" des jeweils Neuen zu trennen, denn sie drücken sich im Neuen aus.

- Zweitens vollziehen sich die Lernprozesse der Individuen in der Arbeit mit den Dingen, also im Handeln.

- Drittens sind die Lernprozesse nicht von der Existenz der Lernenden zu trennen. In der Entstehung des Neuen verbindet sich das lernende Individuum mit dem Neuen. Es gibt in diesem Lernprozess nichts objektiv Neues, sondern lediglich eine Veränderung in der Beziehung zwischen dem Objekt oder Prozess und den beteiligten Individuen. Das Neue ist dabei nichts Neues „an sich" oder ein objektives Verfahren, sondern vielmehr eine Wahlmöglichkeit in der Beziehung zwischen den beteiligten Individuen und dem Objekt, d.h. dem Prozess.

Beim Lernen handelt es sich um einen Prozess der Abweichungsverstärkung. Lernen bedeutet, auf Anlässe zum Lernen mit einer individuellen Verhaltensänderung zu reagieren, sonst hat man nicht gelernt.[6] Aufgrund eines Anlasses weicht man von den individuellen Routinen ab, reagiert ad hoc oder richtet neue Routinen ein. Dieser Lernvorgang kann konflikthaft sein, denn über die Sinnhaftigkeit von bewährten Routinen und den Erfolgsaussichten neuer Routinen können in Unternehmen unterschiedliche Meinungen bestehen. Diese unterschiedlichen Meinungen können sich sowohl auf die Anlässe des Lernens als auch auf die konkreten Reaktionen und neuen Routinen, die es zu erlernen gilt, beziehen. Jedes Lernen in einem Unternehmen geht mit der Entwertung einer bereits gelernten Routine einher. Deshalb geht es im Unternehmen dann darum diese Routine zu verlernen und durch eine neue, noch nicht bewährte Routine zu ersetzen. Operativ gesehen ist aus dieser Perspektive das lernende Unternehmen ein verlernendes Unternehmen.[7] Mitarbeiter können Routinehandlungen ohne Aufmerksamkeitsbewusstsein ausführen, aber für das Umschalten auf neue Verhaltensweisen oder andersartige Prozess-Schritte ist Bewusstsein notwendig. Am Ende eines noch so langen Abwägungsprozesses steht immer ein emotionales Für und Wider. Die Chance der Vernunft und damit der Logik zusammen mit der Rationalität ist es, mögliche Handlungskonsequenzen so deutlich werden zu lassen, dass damit starke Gefühle verbunden sind, denn nur durch sie kann Verhalten verändert werden.[8]

Viele Befürchtungen der Mitarbeiter bei Veränderungsprozessen in Unternehmen lassen sich gar nicht oder nur auf der Basis von wahrscheinlichkeitsorientierten Annahmen auf die Dimensionen von Nutzen und Wertschöpfung abbilden; sie beruhen vielmehr auf Aspekten der individuellen Lebensqualität und persönlich wahrgenommener Wertschätzung. Das Dilemma, das die Mitarbeiter verwirrt und aufbringt, wenn die sich auf Veränderungsprozesse einlassen, das Veralten zu korrigieren oder dagegen zu kämpfen, ist einfach die Furcht, Kohärenz, Klarheit und Vereinbarkeit, ja sogar geistige Gesundheit einzubüßen, wenn sie das Veraltete fahren lassen.[9] Das Verhalten hat jedoch noch einen anderen Aspekt. Natürlich muss es, wenn ein Teil eines Unternehmenssystems *„hinterherhinkt"*, auch irgendeinen anderen Teil geben, der sich *„zu schnell"* entwickelt hat. Das Veralten besteht in dem Kontrast zwischen den beiden Teilen. Individuelle Vorlieben der Mitarbeiter – mithin also Werte[10] – hängen auch von den Vorlieben anderer Prozessbeteiligter ab. Interdependenzen des menschlichen Verhaltens oder das wechselseitige sich aneinander Orientieren der Menschen ist ein anthropologischer Grundtatbestand. Das bedeutet umgekehrt, dass gemeinsame Optimierungsversuche effizienter sind, denn dies bietet für jeden Einzelnen individuell mehr Nutzen (und Wertschätzung) und ist auch für das Unternehmen/Organisation insgesamt wertschöpfungserhöhend.[11]

Die Verbundenheit der Menschen ergibt sich daraus, *„dass sie alle mit Hilfe von Geschichten denken"*, und *„es sind Muster, die verbinden."*[12] Das hat nun zur Folge, dass in allen Kommunikationsprozessen über Wahrnehmung eine Umwandlung, d.h. Codierung zwischen dem Bericht und dem Beobachteten oder der berichteten Sache, dem Ding (Prozess) an sich, eine Vermittlung stattfindet. Ohne entsprechenden Kontext haben bei diesem Vermittlungsvorgang Worte und Handlungen keinerlei Bedeutung. Das gilt für alle Kommunikationsformen allgemein und für Veränderungsprozesse im speziellen. Diese Vermittlung hat die Qualität einer Klassifizierung. Es gibt mit Gregory Bateson keine objektive, sondern nur subjektive Erfahrung.[13] Es ist in diesem Sinne bezeichnend, dass alle Wahrnehmungsprozesse bildlichen Charakter haben, wobei diese Wahrnehmungsprozesse unzugänglich sind, denn die Bildformationsvorgänge im Individuum sind unbewusst. Es sind allein die Produkte dieser Wahrnehmungsprozesse, die den Individuen bewusst werden, und diese Produkte sind auch notwendig. Selbstverständlich stellen wir diese Bilder mit unserem Gehirn her, wobei dieses intellektuelle Wissen[14] über die unbewusste Herstellung von Bildern nicht mit der Feststellung von „Wahrheit" gleichgesetzt werden darf.[15] Umgekehrt scheint es vielmehr so zu sein, dass wir Menschen nicht sehr viel über das eigentliche Zustandekommen unserer Wahrnehmungsbilder wissen, und diese Unwissenheit lässt uns glauben, was uns unsere Sinne präsentieren. Umgekehrt ist es für Individuen unangenehm und in der weiteren Folge auch krankmachend, ständig an der Evidenz und Glaubwürdigkeit unserer sinnlichen Wahrnehmungen zu zweifeln. Es ist vielmehr so, dass in Kommunikations-, Lern- und Evolutionsprozessen nichts sich ohne Information weiterbewegt. Information bestehen nach Bateson – der sich hier von Immanuel Kant unterscheidet, der in diesem Zusammenhang von Tatsachen spricht - „aus Unterschieden, die einen Unterschied machen".[16] Was die Wahrnehmung solcher Unterschiede für Individuen so schwierig macht, ist die Beobachtung, dass Ähnlichkeiten den Unterschieden vorausgehen. Beziehungen sind immer das Produkt von doppelten Beschreibungen. Eine Beziehung kann gar nicht nur innerhalb eines einzelnen Individuums existieren. Mithin gibt es also ein Lernen vom Kontext, das sich deutlich von dem experimentellen Lernen abgrenzt. Es bleibt für alle beteiligten Individuen die Aufgabe, den Blick bei allen Lern-, Kommunikations-, Optimierungs- und Veränderungsprozessen „immer auf den größeren Zusammenhang, die größere Gestalt gerichtet zu halten."[17]

3 Um was geht's bei der systematischen Prozessoptimierung eigentlich?

3.1 Werteorientierung

„Alles bleibt wie es ist, es geht nur immer schneller." **Hartmut Rosa; Soziologe**[1]

Unternehmen produzieren Waren oder Dienstleistungen. Der Wert des produzierten Gutes verliert jedoch mit der Länge seiner zur Herstellung benötigen Zeit für den Unternehmer fortschreitend an (ökonomischem) Wert.[2] Dieser ökonomische Grundzusammenhang geht nun einher mit einer weit verbreiteten Grundhaltung in unseren modernen Zeiten, dass „Zeit gleich Geld" ist. Das Geld oder der Gewinn für Unternehmen ist aber inzwischen zu einem Selbstzweck mutiert, und es geht nicht mehr um die Frage des guten und richtigen Lebens, sondern um die Maximierung des Geldbetrages als ungebundene Zweck-Mittel-Größe nach dem unreflektierten Motto *„mehr Geld/Gewinn ist besser als weniger"*. Diese Haltung hat eine weltweite Erhöhung des Lebenstempos und damit Zeitknappheit zur Folge, obwohl auf nahezu allen Gebieten des sozialen Lebens enorme Zeitgewinne durch Beschleunigung wahrgenommen werden können. Beschleunigung komprimiert Übergänge, die zunehmend keine wirklichen Übergänge mehr sind: nämlich Zeit für die Anpassung von Menschen an Neues und damit auch an neue Arbeitsprozesse. Immer wieder wird in Unternehmen sich nicht genügend bewusst gemacht, dass auch solche Übergänge von einem „*alten*" Prozess auf einen wie auch immer gearteten „*neuen*" Prozess wiederum ihrerseits Prozesse und keine Termine sind. Das bedeutet, dass bei der systematischen Prozessoptimierung gerade auch für den Übergangsschritt bewusst Zeit eingeplant wird. Dafür ist der Prozessverantwortliche zuständig, der für erkennbare Prozess-Anfänge und eindeutige Prozess-Abschlüsse – mithin also Rituale schafft und gestaltet, die das betriebliche (Prozess-) Leben strukturieren helfen. Diese Vorgehensweise folgt der Erkenntnis respektive Erfahrung, dass sich Menschen physisch und psychisch wesentlich leichter tun, wenn sie etwas bewusst abschließen können, denn nur dann sind sie in der Lage, sinnvoll und mit ganzer Kraft etwas Neues zu beginnen.

Diese bewusste Gestaltung von Übergängen benötigt zwar auch Zeit, doch die ist durch die Rituale gewissermaßen gut investiert. Denn die Wahrnehmung der Mitarbeiter in Bezug auf die Zeit ist eine gänzlich andere: Immer mehr Menschen haben zwar eine größere Zeitflexibilität gewonnen, verfügen aber nicht notwendigerweise über mehr freie Zeit. Vor diesem Hintergrund kam es zu einer Umwertung dessen, was Individuen unter „*gutem Leben*" verstehen wollen: Je mehr Erlebnisse zur individuellen Bereicherung gewissermaßen wie Rabattmarken angesammelt werden, desto besser fühlen sie sich. So bildet sich eine paradoxe Situation, in der die Erhöhung des individuellen Lebenstempos eine Reaktion auf die Verknappung der Zeitressourcen darstellt und umgekehrt. Das bedeutet, dass für einzelne Handlungen oder Erlebnisse immer weniger Zeit zur Verfügung steht oder in Anspruch genommen wird, weil schon das Nächste wartet. Dieser individuell empfundene Zeitdruck lässt sich ursächlich auf „*Verpassensangst*" und „*Anpassungsdruck*" zurückführen[3]. Diese auf Individuen abstellende Diagnose lässt sich ohne weiteres auch auf Unternehmen anwenden. Für die eigentlich wertvollen, weil um ihrer selbst willen sinnvollen Tätigkeiten, bleibt keine Zeit mehr. Das gilt sowohl für die Freizeit, aber ebenso sehr für die bezahlte Arbeit in Unternehmen. Es scheint, um mit dem Soziologen Niklas Luhmann zu sprechen, „*dass die Einteilung der Zeit die Ordnung der Werte durcheinander gebracht hat.*"[4] Darüber hinaus werden die Individuen gegenüber den Arbeitsinhalten immer gleichgültiger, damit sie umso besser den Beschleunigungs- und Flexibilisierungsansprüchen gerecht werden können. Doch diese ganze Entwicklung kann eigentlich nicht im Sinne eines verantwortlichen Unternehmers mit Blick auf seine Mitarbeiter und die Zukunftssicherung seines Unternehmens sein, denn dieser wahrgenommene Beschleunigungsdruck erzeugt massive Synchronisationsschwierigkeiten, deren Kosten auf Lieferanten und/oder Kunden abgewälzt werden „*müssen*", damit nicht die Gewinne sinken und eine weitere Spiralumdrehung der Beschleunigung eingeleitet werden „*muss*". In der Folge ist nicht nur die individuelle, sondern auch die kollektive und damit unternehmerische Autonomie einer ständig wachsenden Gefährdung ausgesetzt und damit ist auch in letzter Konsequenz die natürliche Regenerationsfähigkeit der menschlichen, sozialen und natürlichen Ressourcen überfordert.[5]

Vor diesem Hintergrund ist es angezeigt, durch eine unternehmensindividuelle Werteorientierung bei der systematischen Prozessoptimierung einerseits den Mitarbeitern aus der „*individuellen Beschleunigungsfalle*" zu helfen und andererseits eine Gemeinsinn-Orientierung zu fördern.[6] Aus der Motivationsforschung wissen wir seit langem, dass die Begeisterung von Mitarbeitern, insbesondere von Führungskräften als Leistungsträgern dadurch am besten gefördert werden kann, wenn die Unternehmenswerte mit denjenigen individuellen Werten übereinstimmen, die die Mitarbeiter auch in ihrem Privatleben schätzen. Diese Wertesynchronisation hilft den Führungs-kräften (und auch den Mitarbeitern), das Gleichgewicht zu halten zwischen persönlicher Freiheit und der jeweils individuellen Wahrnehmung (maß-geblicher) Teil eines größeren Ganzen zu sein.[7]

In Wahrheit sind es nämlich unsere individuellen und unternehmens-spezifischen Werte, die entscheiden, wie ein Prozess systematisch optimiert wird und nicht vorrangig unsere Logik. Die Logik kann den Prozess-verantwortlichen zwar bei der Entscheidung helfen, wie ein Prozess zu gestalten ist, sie hilft den Menschen aber nicht, was genau sie machen sollen. Mit Hilfe der Logik können Führungskräfte den besten Weg zu einem bestimmten Prozess-Ziel finden. Über das Ziel entscheidet jedoch nicht die Logik, sondern die Werte, denn Werte sind unterschwellige Auslöser für Emotionen, die letztlich die Veränderungs- und Lernenergie „bereitstellen". Nach Eduard de Bono prüfen die Menschen in den Unternehmen ihre Werte nicht oft genug, weil Werte „unscharf" für die tägliche Arbeit zu sein scheinen, und gleichzeitig ist es schwierig, sie zu konkretisieren und sich in der Folge auf sie zu konzentrieren. Kreative Bemühungen in Hinsicht auf eine systematische Prozessoptimierung sind vor diesem Hintergrund solan-ge als Zeitverschwendung zu betrachten, solange die betroffenen Prozess-beteiligten keine Wertesensibilität entwickeln.

Prozess-Probleme „tun richtig weh" und blockieren Entwicklungen. Trotzdem wird die systematische Prozessoptimierung selten als Wert an sich gesehen, sondern eher als eine Art permanente Wartungsarbeit. Dabei wäre es wesentlich sinnvoller, wenn die Verantwortlichen diesen Optimierungs-prozess als einen Mechanismus auffassen würden, der Unternehmenswerte hervorbringt.[8] Wirklich nachhaltig tragfähig gestalten lassen sich dabei betriebliche Prozesse nach Anselm Bilgri nur mittels immaterieller Werte, die es von Seiten der Unternehmensleitung vorzuleben gilt.[9]

3.2 Freiheit, Verantwortung und Autonomie

Es geht bei der systematischen Prozessoptimierung zwar vordergründig darum, Probleme zu lösen, doch eigentlich vor allem darum, Probleme in der Wahrnehmung der Betroffenen sinnvoll zu formulieren. Die Problem-diagnose im Sinne einer „Unterscheidung, die einen Sinn macht," ist der Schritt, der die Diagnose einer Prozess-Situation mit der Frage, ob es weitergehen kann, zu einer permanent innovativen Prozess-Antwort ver-bindet, wie es weitergehen kann. Nur aus dieser unternehmerischen Haltung heraus entsteht die Autonomie und die Überlebensfähigkeit gerade von KMU.[10] Diese Autonomie geht einher mit Verantwortung für die konkrete Umsetzungsarbeit bei systematischen Prozessverbesserungen und diese Verantwortung ist wiederum gekoppelt an substantielle Freiheit, die die Prozessverantwortlichen im Unternehmen wahrnehmen und eigenverantwortlich leben dürfen und können.[11]

Im Rahmen der systematischen Prozessoptimierung gilt es besonders darauf zu achten, dass eine sinnvolle Abstimmung zwischen den Prozessverantwortlichen und den hierarchischen Leitungsebenen stattfindet. Das bedeutet im Zuge der Prozessoptimierung ein austesten davon, in wie weit die Autonomie und damit die Freiheit für die Prozessgestaltung getrieben werden kann, und auszuprobieren, wie zwischen den Ebenen einerseits von oben nach unten mit Anweisungen und von unten nach oben mit Informationen sinnvoll zusammengearbeitet werden kann.[12] Gleichzeitig gilt es über den Prozessverantwortlichen dafür Sorge zu tragen, dass die Befindlichkeiten der Prozessbeteiligten ausreichend Berücksichtigung finden, denn erfahrungsgemäß spielt die Angst vor Veränderungen eine enorme Bedeutung in der Wahrnehmung und in den Verhaltensweisen der Mitarbeiter.

„Wir haben keinen Kontakt mehr zur Wirklichkeit außer über die vom Menschen hergestellte Realität des Geschäftemachens und der Organisation von Dingen, die wir manipulieren können. Wir stehen nur noch mit Artefakten und mit gesellschaftlicher Routine in Kontakt. Wir beziehen uns nur noch auf das, was noch mehr Dinge hervorbringt, doch wir sind nicht mehr mit den grundlegenden Realitäten der menschlichen Existenz in Berührung. Wir haben keine Verbindung mehr zu unseren Gefühlen, mit dem, was wir wirklich fühlen: mit unseren Glücksgefühlen, Unglücksgefühlen, unserer Angst, unserem Zweifel und all dem, was im Menschen vor sich geht. Wir haben den Kontakt zu unseren Mitmenschen und zur Natur verloren und stehen nur noch mit jenem kleinen Ausschnitt der Welt in Verbindung, den wir selbst hervorbrachten. In Wirklichkeit ängstigen wir uns sehr, etwas Tiefgreifendes zu berühren."[13]

4 Systematische Prozessoptimierung in KMU neu gedacht

Es hat alles zwei Seiten. Aber erst wenn man erkennt, dass es drei sind, erfasst man die Sache".

Heimito von Doderer, österreichischer Schriftsteller (1896-1966)[1]

Nach unserem Verständnis ist die systematische Prozessoptimierung eine zeitraumbezogene Fortentwicklung des Unternehmens auf Basis einer dialektischen Zusammenführung der unterschiedlichen Vorstellungen (die sich meist auf zwei Extrementwürfe zusammenfassen lassen) auf einer höheren Ebene. Dialektik[2] meint dabei eine innere Gegensätzlichkeit, was soviel bedeutet, dass immer zwei Dinge gleichzeitig existieren. Die unterschiedlichen Vorstellungen werden über die dialektische Zusammenführung so auf eine höhere Ebene gehoben, dass das Aufgehobene aufbewahrt und erhalten wird und somit sein Aufgehobensein überlebt. Mit diesem *„Aufheben und Veredeln"* entsteht eine Synthese, die wiederum einen deutlichen Mehrwert für das Unternehmen generiert. Kooperatives Verhalten führt nur dann zu Nutzen respektive Wertschöpfung, wenn Kooperation selbst ein Wert für das handelnde Individuum ist. Um Gerechtigkeit schaffen zu können, muss man etwas wissen oder dieses lernen: vergleichen, beurteilen und Begriffe bilden. In Anbetracht der vielfältigen Wahrnehmungsformen sind diese Tätigkeiten gewissermaßen zwingend. Zur Lösung solcher Konstellationen ist eine prozessuale Sichtweise zielführend. Die Individuen sind auf Kooperation angewiesen. Es lässt sich mit G.W.F. Hegel sagen: *„aber dieses Tun des einen hat selbst die doppelte Bedeutung, ebenso sein Tun als das Tun des anderen zu sein. Das einseitige Tun wäre unnütz; weil, was geschehen soll, nur durch beide zustande kommen kann."*[3] Wie diese Gegensätze aufzulösen sind, beschreibt Hegel im Sinne eines dialektischen Zusammenführens auf einer höheren Ebene, und was die beiden Extreme als unterschiedliche Standpunkte anlangt als gleichgültig: Die beiden Extreme *„lassen einander nur gleichgültig, als Dinge frei. Ihre Tat ist die abstrakte Negation, nicht die Negation des Bewusstseins, welches so aufhebt, dass es das Aufgehobene aufbewahrt und erhält und hiermit sein Aufgehobenwerden überlebt."*[4] Die auf Verständigung angelegte Reflexion hat bei Hegel also die Gegensätze im Blick. Mit der hegelschen Reflexion auf die Gegensätze werden auch Zusammenhänge gebildet und damit Verbindungen hergestellt. Wenn wir unterscheiden, stellen wir gleichzeitig Identitäten her, und die vollständige Identität ist dann diejenige, die aus und über ihre Differenzen hergestellt werden kann.[5]

Weitergehend kann ein anthropologischer Grundtatbestand als Antriebsfeder zur Bereitschaft zur Kooperation konstatiert werden: Die Natur der Humanität ist „*auf die Übereinkunft mit anderen zu dringen, und ihre Existenz in der zustande gebrachten Gemeinsamkeit der Bewusstseine.*"[6] Dasjenige Individuum, welches sich auf sein Gewissen zurückzieht, und anderen Individuen, die nicht seine Meinung teilen, erklärt, dass es nicht dasselbe in sich findet und fühlt, verstößt fundamental gegen die Wurzeln der Menschlichkeit.[7] Auf der Basis dieses Gedankens handelt ein Individuum, das sich ausschließlich auf seine subjektive Sichtweise zurückzieht und durch strategisches Verhalten andere Individuen übervorteilt, allenfalls kurzfristig scheinbar erfolgreich, denn es operiert gegen die menschliche und damit auch seine eigene Natur. Die individuellen Vorlieben und Werteordnungen kann ein Individuum nur dann langfristig in nutzenstiftendes Verhalten umsetzen, wenn gleichzeitig diejenigen Vorlieben und Werteordnungen der anderen durch das Verhalten mitbetroffenen Individuen mitberücksichtigt werden. Es geht also nicht ohne eine Abstimmung von relevanten Vorlieben und Werteordnungen der Betroffenen. Eine zunehmende isolierende Haltung ist für die Individuen nicht lange durchzuhalten, denn sie ist zutiefst inhuman. Immer dann, wenn eine Blockadesituation auftritt, wird die damit verbundene gegenseitige Abhängigkeit offenbar. Auf der Basis dieser wechselseitigen Wahrnehmung ist es dann „*nur noch*" eine Frage der geeigneten methodischen Vorgehensweise, um eine vertrauensvolle und faire Berücksichtigung der zunächst unvereinbar scheinenden Vorlieben und Werteordnungen zu gewährleisten.[8] Dies mutet abstrakt an und zieht die Frage nach sich: Was heißt das für mein Unternehmen oder für mich als verantwortliche Führungskraft?

In den Köpfen und damit im Bewusstsein der Mitarbeiter und der Führungskräfte bestehen verschiedene Bilder und Vorstellungen über Prozesse in Unternehmen. Erfahrungsgemäß stellt sich das so dar, dass die Führungskräfte häufig einen Impuls nach Veränderung im Sinne einer Anpassung an die Marktgegebenheiten verspüren. Auf der anderen Seite tendieren die Mitarbeiter dazu, keine oder nur geringe Veränderungen gedanklich zuzulassen, denn die „*alten*" Prozesse und Strukturen sind sie gewohnt und diese bieten ihnen Sicherheit. In unserer begleitenden Prozessoptimierungsarbeit für diverse Unternehmen haben wir die Erfahrung gemacht, dass eine systematische Prozessverbesserung, die nicht auf die Bedürfnisse und Motive der daran beteiligten Mitarbeiter angemessen Rücksicht nimmt, zum Scheitern verurteilt ist. Es geht um einen evolutionären Entwicklungsweg, der alle Mitarbeiter und Führungskräfte gleichermaßen auf dem

Optimierungweg mitnimmt und gerade eben nicht um „*harte*" Schnitte und
„*revolutionäre*" Sprünge in der Prozesslandschaft eines Unternehmens. Insofern gewinnen die abstrakten Ausführungen zu Beginn dieses Kapitels einen
konkreten Bezug. Es geht darum, die Bewusstsein und Haltungen der
Mitarbeiter, die mit der „*alten Prozesswelt*" verbunden sind, wertzuschätzen
und in den Veränderungsprozess mit einzubinden. Gleichzeitig ist auch eine
zeitraumbezogene Vorstellung eines optimalen Prozesses, der sich vor allem
in den Bewusstsein und Haltungen der verantwortlichen Führungskräften
befindet, gleichermaßen wertzuschätzen und zu berücksichtigen. Diese
Gegensätzlichkeiten sorgen zunächst in den Köpfen der Belegschaft oft für
erhebliche Verwirrung, ehe sie sich in Vorwänden und Einwänden in Bezug
auf die anstehenden Prozessveränderungen ausdrücken. Gelingt es die
Mitarbeiter in den systematischen Veränderungsprozess einzubinden und
auf dem Weg wertschätzend „mitzunehmen", dann kann sich eine sinn-
stiftende Synthese aus „*alter Welt*" und deren Errungenschaften mit den
Vorstellungen von einem optimalen (Teil-) Prozess herausbilden, die dann
zusätzlich einen Mehrwert für das Unternehmen darstellt. Dieser Mehrwert
lässt sich auf der einen Seite mit den üblichen betriebswirtschaftlichen
Kennzahlen messen, zeigt sich aber auch auf der anderen Seite an stabilen
Prozessen und einem leistungsorientierten und gesunden Betriebsklima,
was die Zufriedenheit und Identifikation der Mitarbeiter mit ihrem Unternehmen anlangt. Häufig ist dabei festzustellen, dass die Entstehung neuer
Prozessvorstellungen fast vollständig auf der Neuverteilung und neuartigen
Kombination von Ideen, die das Unternehmen schon hat und kennt,
beruhen.

Bei der systematischen Prozessoptimierung gibt es nach unserer Erfahrung
(mindestens) drei Ebenen, es geht also wieder einmal um Lernen auf
verschiedenen Ebenen:

- Individuelle Ebene: Hier geht es um den persönlichen Entwicklungsweg
  von einzelnen Betroffenen im Sinne von mehr Möglichkeiten haben
  („anreichern").

- Unternehmerische Ebene: Hier hat die Organisation/Unternehmung
  etwas zu lernen, nämlich vorrangig im Umgang mit Widerständen bei
  den Betroffenen und Turbulenzen in Unternehmenssystem. Hier geht es
  vorrangig um das „*Dranbleiben*" im Sinne von „*der Weg ist das Ziel*".

- Gesamtsystemische Ebene: Um was geht es in der Unternehmung/
  Organisation „*hinter*" dem Auftrag zur systematischen Prozessoptimierung

eigentlich? Gemeint ist der Erfahrungsumstand, dass es *„Unternehmensgeheimnisse respektive geheime Aufträge“* gibt, die es wahrzunehmen und zu beachten gilt.

Ein Prozess-Problem im Sinne einer Optimierungsaufgabe wird dann sinnvoll bewältigt, wenn die Diagnose entsprechend sinnvoll formuliert wird; denn dann entwickelt sich im Optimierungsprozess durch die betroffenen Prozessbeteiligten die Antwort in dem Maße, in dem sie sich aus der Gruppe selbst heraus entwickelt. Um damit die Optimierungsbewegung den gegenwärtigen zu verbessernden Zustand „aufheben“ zu können, muss der „alte“ Zustand vollständig gemeinsam *„zu Ende gedacht“* werden und sich gewissermaßen vollendet haben. *„Aufheben“* bedeutet nicht nur ein Bewahren des „Alten“, sondern auch gleichzeitig auch den Wechsel zu einer höheren Stufe, was die Vollendung nach dem derzeitigen Kenntnisstand eines zu optimierenden Prozesses bedeutet. In genau diesem Sinne *„hebt“* die systematische Prozessoptimierung - Verstanden als Bewegung vom „Alten“ hin zum „Neuen“ - den gegenwärtigen Prozess *„auf“*, ohne ihn zu zerstören: Sie bezieht sich auf das, was sich in der Optimierungsarbeit als Gruppenphänomen entwickelt.

Der als problematisch wahrgenommene Prozess wird weder gestoppt noch als schlecht etikettiert, weil erfahrungsgemäß aufgrund mangelnder Wertschätzung die sich damit bisher identifizierenden Prozessbeteiligten abgewertet fühlen und eine systematische Optimierungsarbeit *„unmerklich“* verhindern würden. Aufgrund bewusster Nichtanwendung kann der als problematisch wahrgenommene bisherige Prozess als *„zur Seite geschoben“* interpretiert werden. Die Optimierungsgruppe erlaubt gewissermaßen dem problematischen Prozess auf diese Weise, allmählich zu verschwinden, statt ihn und damit alle in diesem Prozess gemachten Erfahrungen zu zerstören.

5 Systematische Prozessoptimierung: Ein Praxisbeispiel

Die Firma Promera GmbH ist ein „*klassischer*" kleiner mittelständischer Betrieb mit 75 Mitarbeitern und stellt Feinschneidteile mit hoher Stückzahl vor allem für die Automobilindustrie her. Promera ist eine Tochter eines weltweit operierenden schweizer Konzerns. Aufgrund ihrer sehr anspruchsvollen und qualitätsbewussten Kunden besteht zum einen eine hohe und steigende Qualitätsanforderungen, die sich aus den verschiedenen ISO-Normen und der sehr strengen US-Norm (TS 16949) ergeben und andererseits ein starken Druck, immer kostengünstiger bei steigenden Qualitätsanforderungen zu produzieren. Vor diesem Hintergrund hatte sich die Geschäftsleitung entschlossen, in eine neue Maschine zu investieren und damit einerseits den gestiegenen Anforderungen nachkommen zu können und andererseits den veralteten Maschinenpark zu erneuern. Die Maschine war installiert und in Betrieb genommen und nach geraumer Zeit stellte der Geschäftsführer fest, dass die Maschine lediglich einen Nutzungsgrad zwischen 40 und 50 Prozent aufweist. Das wiederum machte sich in der Rentabilitätsrechnung der Maschine und bei der Gewinnentwicklung der Unternehmung negativ bemerkbar. Insofern war die Zielstellung des Prozess-Workshops (Kaizen-Workshop) von der Geschäftsleitung klar vorgeben: Der Nutzungsgrad der teuren Maschine ist nach Abschluss des Prozess-Workshops dauerhaft auf über 80 Prozent zu steigern. Vorgesehen war ein einwöchiger Prozess-Workshop mit einer methodischen Vorgehensweise, die eine Verbindung zwischen einer phänomenologischen Vorgehensweise – die auf das Wissen der betroffen Beteiligten vor Ort aufbaut – mit einem rational-logischen mathematisch-statistischen Ansatz, (wie er aus der Six-Sigma-Tradition[1] und der weithin bekannten Prozessverbesserungs-Methode der US-Firma General Electric[2,3]) bekannt ist, herstellte. Fünf Arbeitstage trafen sich je ein Mitarbeiter aus den Bereichen: Projektplanung, Produktionsleitung, Werkzeugunterhalt, Werkzeug-Neubau, Einkauf und der maßgebliche Maschinenbediener in einem Besprechungszimmer und erarbeiteten eine systematische Prozessoptimierung für die in Rede stehende Maschine. Der Prozess-Workshop hatte folgenden „*Fahrplan*":

1. Schulung des Prozess-Workshopteams über die methodische Vorgehensweise

2. Definition und Abgrenzung des Prozesses von anderen betrieblichen Prozessen

3. Definition der Unter- bzw. Prozess-Zwischenziele
    „Angenommen, es würde eines Nachts, während Sie schlafen, ein Wunder geschehen, und Ihr Problem wäre gelöst. Wie würden Sie das merken? Was wäre anders?"[4] Stellt der Moderator oder der systemische Berater zusammen mit dem Prozessverantwortlichen den betroffenen Prozessbeteiligten diese Frage, dann fragt er damit indirekt nach Optimierungszielen. Damit fallen erfahrungsgemäß die Beschreibungen der Workshopteilnehmer wesentlich konkreter und spezifischer aus. Mit Hilfe dieser Frage wird der Blick der Gruppenmitglieder sehr schnell auf die Zukunft gerichtet und hilft bei der möglichst präzisen Zieldefinition und versetzt die betroffenen Beteiligten in die Lage zu beschreiben, wie sie wissen, wann das Problem gelöst ist. Der Gebrauch der sogenannten *„Wunderfrage"* verhilft den Gruppenmitgliedern zu einer maximal deutlichen Vorstellung, wie eine Optimierungslösung aussehen könnte, auch wenn das Prozess-Problem zunächst unbestimmt, verworren oder unzureichend geschildert und beschrieben wird.

4. Am Ende dieses ersten Tages (Schritt 1-3) Abstimmung der bis dahin erarbeiteten Ergebnisse mit dem Lenkungsausschuss. Der Lenkungsausschuss umfasste den Geschäftsführer, den Einkaufsleiter und den Leiter der Qualitätsabteilung. (Zeitdauer dieser Feedback-Runde ca. 30 Minuten)

5. Rechercheaufgaben wurden in Bezug auf *„kritische"* Prozessteilschritte oder Einzeltätigkeiten anhand der Prozesslandkarte festgelegt.

6. Schulung für die Durchführung von Rechercheaufgaben und der Erstellung von statistischen Auswertungen

7. Durchführung der Recherche im Betrieb, d.h. an der Maschine und den durch den Prozess tangierten Unternehmensbereichen

8. Am Ende des zweiten Tages (Schritt 5-7) Abstimmung der bis dahin erarbeiteten Ergebnisse mit dem Lenkungsausschuss. (Zeitdauer dieser Feedback-Runde ca. 45 Minuten)

9. Darstellung der Prozess-Schritte im Detail in der Workshopgruppe und Präsentation der Recherche-Ergebnisse und deren Zuordnung auf die einzelnen Prozess-Schritte

10. Definition von Ansatzpunkten für Prozessverbesserungen

11. Am Ende des dritten Tages (Schritt 9 und 10) Abstimmung der bis dahin erarbeiteten Ergebnisse mit dem Lenkungsausschuss. (Zeitdauer dieser Feedback-Runde ca. 60 Minuten)

12. Recherche-Aufgabe II, die einerseits die Festlegung der Ziele und Aufgaben dieser Recherche im gegenseitigen Einvernehmen festlegte und andererseits die Überprüfung und eine tiefer gehende Analyse auf eine mögliche Umsetzungsfähigkeit der Verbesserungs-Ansatzpunkte umfasste.

13. Durchführung der Recherche II vor Ort.

14. Am Ende des vierten Tages (Schritt 12 und 13) Abstimmung der bis dahin erarbeiteten Ergebnisse mit dem Lenkungsausschuss. (Zeitdauer dieser Feedback-Runde ca. 60-90 Minuten)

15. Gemeinsame Formulierung von konkreten Verbesserungsmaßnahmen und der damit sehr wahrscheinlich erzielbaren Effekte aufgrund der Recherche II-Ergebnisse

16. Umsetzung der Verbesserungsmaßnahmen und den neuen Gesamtprozesses umfassend beschreiben respektive dokumentieren durch die Workshop-Mitglieder

17. Am Ende des fünften Tages (Schritt 15 und 16) Abschlussbericht an den Lenkungsausschuss (Zeitdauer dieser Feedback-Runde ca. 90 – 120 Minuten)

Die Verbesserungsvorschläge wurden allesamt vom Lenkungsausschuss beschlossen und in der darauf folgenden Woche wurde mit Nachdruck die Umsetzung eingeleitet. Im Ergebnis konnte in den dem Prozess-Workshop folgenden Wochen tatsächlich eine nachhaltige Steigerung des Nutzungsgrades der Maschine über 80 Prozent festgestellt werden.

Am Ende des fünften Tages waren alle Wände, Pinwände und Türen mit Flipchart-Blätter „tapeziert", auf denen sowohl der Gesamtprozess „alt", die Ergebnisse der Recherche I und II sowie sämtliche Verbesserungsvorschläge und deren Auswirkungen auf dem Gesamtprozess „neu" ausführlich dargestellt waren. Der am Ende verabschiedete Maßnahmenplan zur Gestaltung des neuen Prozesses sah insgesamt 28 teilweise umfangreiche Einzelmaßnahmen vor. Es stieg im Ergebnis nicht nur nachhaltig der Nutzungsgrad der Maschine mit allen positiven Nebeneffekten auf die Geschäftsentwicklung, sondern darüber hinaus war ein weiterer Effekt zu beobachten, der in aller Regel in Bezug auf seine Wert schöpfende Wirkung unterschätzt wird: Das gegenseitige Verständnis der betroffenen Beteiligten in der Prozess-Workshopgruppe ist innerhalb der einen Woche enorm gewachsen. Die Beteiligten lernen die betrieblichen Zusammenhänge aus der Sicht des jeweils anderen Betroffenen in einer sehr einfachen und deutlichen Sprache[5] kennen, was die Einschätzung der eigenen Arbeit enorm erleichtert und was insgesamt sowohl das Prozessverständnis als auch die Unternehmenskultur fühlbar verbessert. Den Zusammenhang der Vorgehensweise im Workshop zeigt das Bild 1.

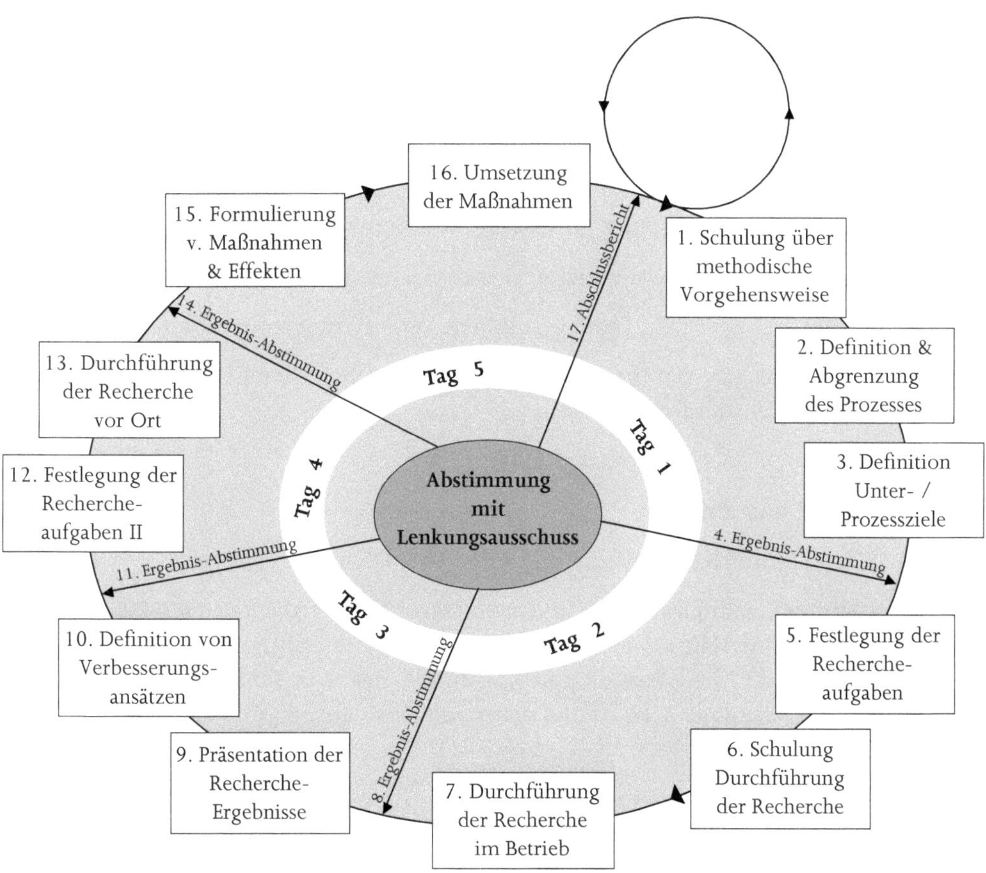

Bild 1: Ablauf eines Prozess-Workshops

6 Anforderungen an den betrieblichen Prozessverantwortlichen

Die nachstehend genannten Fähigkeiten, Fertigkeiten und die Haltung des betrieblichen Prozessverantwortlichen und Moderators der systematischen Prozessoptimierung haben sich in der Praxis herauskristallisiert, denn in den Prozessverbesserungs-Workshops schwingen immer die unterschiedlichsten individuellen Haltungen, ethischen Grundbefindlichkeiten und moralische Ansprüche mit, die bei nicht sachgerechter respektive professioneller Kommunikationssteuerung häufig genug zu Verletzungen der gegenseitigen Wertschätzung bzw. im schlimmsten Fall zu offenen Konflikten mit nachhaltig negativen Folgen für das Betriebsklima und die Unternehmenskultur führen können.

1. Allparteilichkeit in Bezug auf die unterschiedlichen Ansichten, ob nun eine Prozessoptimierung notwendig und sinnvoll ist oder nicht.

2. Menschen- und lernorientierte mentale Haltung

3. Drückt keine fertigen Lösungen in den Optimierungsprozess hinein.

4. Sorgt dafür, dass das für das KMU gemeinschaftlich Gute (der Gemeinsinn) im Vordergrund bleibt.

5. Hohe methodische Professionalität

6. Geduld und Empathie

7. Spiegelt intuitive Eindrücke und gibt gedankliche Anregungen

8. Ist mit sich selbst im Reinen, d.h. kennt seine eigenen mentalen Modelle und hat eine sehr hohe Übereinstimmung seines Selbstbildes mit den Bildern, die die Workshopgruppenmitglieder von ihm/ihr haben. Fühlt sich in seiner Rolle absolut sicher und „fließt" mit dem Optimierungsprozess „mit".

9. Sehr hohe soziale Kompetenz und gruppendynamische sowie systemische (gegebenenfalls auch therapeutische) Erfahrung mit Individuen und Gruppen.

10. Sehr hohe kommunikative Kompetenz.

Tauchen in den Optimierungsworkshops Konflikte zwischen den betroffenen Beteiligten auf, hat der Moderator die Aufgabe, diese nach dem

Schillerschen Postulat gleichsam „aufzuheben": *„Aus der Wechselwirkung zwey entge-gengesetzter Triebe, und aus der Verbindung zwey entgegengesetzter Principien haben wir das Schöne hervorgehen sehen, dessen höchstes Ideal also in dem möglichst vollkommensten Bunde und Gleichgewicht der Realität und der Form wird zu suchen sein. Dieses Gleichgewicht bleibt aber immer nur Idee, die von der Wirklichkeit nie ganz erreicht werden kann."*[1] *„Weil aber beyde Zustände einander ewig entgegengesetzt bleiben, so sind sie nicht anders zu verbinden, als indem sie aufgehoben werden. Unser zweytes Geschäft ist also, diese Verbindung vollkommen zu machen, sie so rein und vollständig durchzuführen, dass beyde Zustände in einem Dritten gänzlich verschwinden, und keine Spur der Theilung in dem Ganzen zurückbleibt; sonst vereinzeln wird, aber vereinigen nicht."*[2]

Je mehr das einzelne Gruppenmitglied sich durch den Prozess-Moderator in die Lage versetzt sieht, die Interessen der anderen auch wahrzunehmen und anzuerkennen, und zwar in ehrlicher Weise, um dann zu entscheiden, ob es irgend etwas gibt, was der Einzelne sinnvoll dazu beitragen kann, dass die anderen sich wohl fühlen, dass sie sich freuen oder was auch immer Positives, desto größer ist die Wahrscheinlichkeit, auf eine Positivspirale zu kommen. Je größer der Abstand ist, den der Einzelne in seiner subjektiven Wertung zwischen seinen Interessen und denjenigen der anderen legt, desto größer ist die Gefahr, auf eine Negativspirale zu gelangen, die allerdings meist nicht unbedingt gleich als solche erkannt wird.[3]

Was bleibt am Ende stehen?

Am Ende unserer Ausführungen sind wir gewissermaßen wieder am Anfang angelangt und können nun mit einer anderen Wahrnehmung und einem veränderten (Prozess-Problem-) Bewusstsein auf die eingangs gestellten Fragen schauen. Statt einer ausführlichen Beantwortung dieser Fragen, die naturgemäß jeder in einem Unternehmen Verantwortung Tragender zunächst einmal für sich selbst und dann für und mit den Prozessverantwortlichen beantworten können sollte, schließen wir mit einem Zitat, welches die Chancen einer systematischen Prozessoptimierungsarbeit verdeutlicht: *„Es gibt kaum eine Möglichkeit, wirklich Unvereinbares nebeneinander zu stellen. Kaum steht es nebeneinander, ist es bereits miteinander vereinbar."*[4]

Anmerkungen

Vorbemerkungen

1. *Bilgri/Stadler* (2006), S. 104. Anselm Bilgri war bis 2004 Cellerar und Prior des Klosters Andechs. Er führte sehr erfolgreich das umfangreiche Unternehmen Kloster Andechs mit ca. 200 Mitarbeitern. Seit 2004 ist Bilgri als weltlicher Mönch im Zentrum für Unternehmensführung als Berater tätig.

2. „Der Prozeß ist das Leben. Die Ergebnisse sind sozusagen Abfallprodukte." *Nidiaye et a.* (1999), S. 52. „Wenn ein Mensch überwiegend prozeßorientiert denkt, so hat er eine gute Grundlage für ein ganz grundsätzliches Vertrauen, Vertrauen ins Leben. Wenn jemand überwiegend produktorientiert denkt, hat er keine Grundlage für Vertrauen." *Nidiaye et al* (1999), S. 53. „Das wirtschaftliche Gesamtgebilde ist etwas, das andauernd fließt, weil das Leben andauernd fließt, auf der anderen Seite aber fließen die meisten Menschen nicht mit oder versuchen jedenfalls, nicht mitzufließen." *Nidiaye et al.* (1999), S. 54.

3. Der österreichisch-englische Philosoph Ludwig Wittgenstein (1889 – 1951) ist Mitbegründer der heutigen analytischen Philsophie und einer der großen europäischen Philosophen. Er formulierte berühmte Sätze wie: *„Die Welt ist alles, was der Fall ist"* und *„Was sich überhaupt sagen lässt, lässt sich klar sagen; wovon man nicht reden kann, darüber muss man schweigen"* sowie *„Ohne Sinn oder den Gedanken wäre ein Satz ein ganz und gar lebloses und triviales Ding"*. Viele Probleme, davon war Wittgenstein überzeugt, entstehen aus der „Verhexung unseres Verstandes durch die Mittel der Sprache". Die Lösung sah er radikal einfach: Man müsse die Wörter von ihrer abgehobenen, gleichsam metaphysischen wieder auf ihre alltägliche Verwendung zurückführen. Diese Aufforderung von Wittgenstein wollen wir uns zu eigen machen, indem wir immer wieder von den grundlegenden Wortbedeutungen (Etymologie) der in Rede stehenden Begriffen ausgehen. Zu Ludwig Wittgenstein liest man am besten erst einmal eine Biographie, um einen Zugang zu seinem Werk zu finden. Besonders empfehlenswert ist dabei *Vossenkuhl* (1995). Das unserer Meinung nach am leichtesten zugängliche Werk des Philosophen selbst sind seine im „Blauen Buch" zusammengefassten Ideen und Gedankenfiguren, die eigentlich gar nicht zur Veröffentlichung bestimmt waren und posthum veröffentlicht wurden. Vgl. dazu *Wittgenstein* (1984) Wittgensteins späte Lehre sagt, dass es außerhalb menschlichen Denkens und Sprechens keinen unabhängigen, objektiven Halt geben kann. Darüber hinaus leben Bedeutung und Notwendigkeit nur in den sprachlichen Praktiken, die sie verkörpern. Vgl. dazu die schon etwas ältere Biographie von *Pears* (1971), die überaus lesenswert ist.

4. Vgl. *de Shazer* (1995), S. 17. Steve de Shazer (1940-2005) ist Systemtheoretiker und systemischer Kurzzeittherapeut. Ihn interessierte auf der Basis von Gregory Bateson und Ludwig Wittgenstein die Magie der Sprache. Durch seine Verbindung theoretischer Überlegungen mit praktischer Anwendung entstand ein inzwischen anerkannter Ansatz einer lösungsorientierten Vorgehensweise der systemischen Kurzzeittherapie. In Europa bekannt geworden ist de Shazer durch seine Wunderfrage, die sinngemäß lautet: Was wäre wenn über Nacht das Problem einfach weg wäre? Woran würden man das merken können? Diese Fragen und die lösungsorientierte Vorgehensweise war für den Verfasser ein sehr wichtiger Leitfaden bei der gedanklichen Entwicklung dieser Veröffentlichung und in der Folge in seiner Arbeit als Mediator, Trainer und Coach.

1 System – Prozess – Optimierung

1. Ist entlehnt aus dem lateinischen „processus" und bedeutet „Fortgang, Fortschreiten", dem Abstraktum von „procedere" = „vorwärtsgehen, vorrücken, vortreten". Das Wort ist im Mittelalter Ausdruck für ein Rechtsverfahren, insbesondere bei der kirchlichen Rechtssprechung. Dann Verallgemeinerung zu „Verfahrensweise", woraus „Herstellungsverfahren medizinisch wirksamer Tinkturen" - daraus der Prozessbegriff der Chemie, und aus diesem der der Philosophie. Vgl. *Kluge* (2002), S. 726

2. Vgl. *Bateson* (1981), S. 366f. „Ein Unterschied, der durch die Zeit auftritt, wird „Veränderung" genannt." *Bateson* (1981), S. 580. Die Bezeichnung „Idee" ist synonym mit „Unterschied". Darauf hat Gregory Bateson hingewiesen. Vgl. *Bateson* (1981), S. 582.

3. Vgl. *Weick* (1998), S. 67f. „Organisationen haben mit Strömen von Materialien, Leuten, Geld, Zeit, Lösungen, Problemen und Entscheidungen zu tun. Wenn Sie sich vorstellen können, dass sich etwas zwischen zwei Punkten bewegt, und sich dann die zwei Punkte selbst als in Bewegung vorstellen – so sehen die Ströme in Organisationen in etwa aus." *Weick* (1998), S. 64.

4. Systematisch geht auf das griechische „systema" zurück und ist das dazugehörige Adjektiv. Vgl. *Kluge* (2002), S. 901

5. Vgl. *Kluge* (2002), S. 616

6. Vgl. *Kluge* (2002), S. 668

7. Vgl. *Imai* (1998)

8. Vgl. zu den Ausführungen beispielhaft *Birker/Pepels* (2000), S. 244-266

9. *de Shazer* (1995), S. 27

10. Individuen und Unternehmen/Organisationen – verstanden als soziale Systeme – bedingen sich gegenseitig und leiten daraus ihre Selbstreferenz und ihren Sinn ab. Das Erfassen von Sinn ist Verstehen, wobei sich das Verstehen in der Kommunikation – mithin in der Sprache – ereignet, denn im Miteinander bilden sich Sinnhorizonte. Handlungen oder die Erkenntnis von Individuen sind also nicht festgelegt oder auf einen bestimmten einzigen Zweck gerichtet: Zukunftsmöglichkeiten werden offen gehalten. Mit Hilfe der Funktion des Sinns wählt ein Unternehmen aus dem unüberschaubaren Möglichkeitskomplex des Kommunikationsstroms zum Zwecke der Selektion aus und bildet dadurch Werte. Gleichzeitig lebt dieser Sinnprozess von Störungen, Unordnung und vom Rauschen der Kommunikation, denn die Präferenz für Sinn, für Ordnung gegenüber von Störungen, für Information gegen kommunikatives Rauschen ist und bleibt lediglich eine Präferenz. *„Sinn läßt keine andere Wahl als zu wählen".* Luhmann (1984), S. 194.

    „Es gibt keinen Sinn des Lebens außer demjenigen, den der Mensch seinem Leben gibt, indem er seine Kräfte entfaltet – indem er produktiv ist." *Erich Fromm* zitiert nach *Funk* (1978), S. 88.

11 Dieser Gedankengang geht auf Steve de Shazer zurück und wurde vom Verfasser auf unternehmerische Prozesse übertragen. Vgl. *de Shazer* (1995), S. 29f.

12. *Nidiaye et al.* (1999), S. 31

13. Ungelöste Probleme haben den Nutzen, dass man sie als kleines oder großes Problem mit sich herum trägt, als dauernde Erinnerung an etwas, was man noch nicht im Griff hat. Dies bedeutet, dass man ständig Ressourcen mentaler, aber auch faktischer Art mobilisiert, um sich zu fragen, ob man nicht doch dieses bislang ungelöste Problem lösen kann. Das heißt, man denkt immer auch an etwas anderes als an das, woran man gerade denken will. Und das bedeutet, dass man immer mehr Möglichkeiten hat, auf eine Situation zu reagieren, als es von dieser Situation vielleicht gerade nahe gelegt wird. Ein ungelöstes Problem ist ein Hinweis auf meine eigenen ungenutzten Ressourcen. Damit will ich nicht in Abrede stellen, dass ungelöste Probleme auch blockieren können. Aber auch das kann ein Vorteil sein. Ich werde unempfindlich gegenüber unbedeutenden, vorübergehenden Problemstellungen." *Baecker* (2003), S. 57.

14. Vgl. *Kluge* (2002), S. 721
    „Eintauchen in Punkt Null bedeutet, deinem Bewußtsein zu erlauben, sich von dem Problem zu lösen. In dem Moment aber, wo dein Bewußtsein sich von dem Problem gelöst hat, besteht das Problem nicht mehr. Darin liegt das Paradoxe." *Nidiaye et al.* (1999), S. 349.

15. Vgl. *Baecker* (1999), S. 110

16. Es gibt nicht die Systemtheorie, sondern nur viele Systemtheorien, die in der Mathematik, in der Informatik, in der Biologie oder in der Soziologie nicht nur in ihren Anwendungen, sondern auch in ihrer Grundbegrifflichkeit und in ihrer Theoriearchitektur sehr unterschiedlich akzentuiert und formuliert werden. Vgl. *Baecker* (2005), S. 17. Komplexität bezeichnet damit die Tiefendimension eines Systems. Sie lässt sich als ein sich verzweigender Stammbaum verstehen. Sie beginnt mit einer einzigen Leitdifferenz (des Systems insgesamt) und faltet sich dann in prinzipiell beliebig tief staffelbare Folgedifferenzen aus. Faktisch ist die Tiefe der Staffelung natürlich begrenzt, vermutlich am stärksten durch die Faktoren Zeit und Gedächtnis. Mit der ersten Operation beginnt die Geschichte der Selbstfestlegung des Systems. Aus dem unendlichen Reservoir reiner Komplexität schneidet es sich eine begrenzte organisierte Komplexität heraus. Was sich demnach messen lässt, ist nicht Komplexität selbst, sondern der Organisationsgrad oder der Ordnungskoeffizient von Komplexität. Fassbar ist Komplexität nur als organisierte oder geformte oder geordnete Komplexität. Als Weltkomplexität der Innenwelt eines Systems ist sie unendlich. *Vgl. Baecker* (2005), S. 314f.

17. Kurt Lewin (1890-1947) ist ein deutschstämmiger amerikanischer Sozialpsychologe, der seine psychologische Theorie auf den Begriffen *„Feld"*, *„Lebensraum"*, *„Bewegungsraum"* etc. aufbaute und mit seiner dynamischen Persönlichkeitstheorie verknüpfte. Seine Kernthese ist, dass die soziale Gruppe die Wahrnehmungen, Emotionen und Handlungen der einzelnen Individuen, die die Gruppe bilden, grundlegend beeinflusst. Lewin vertrat die Ansicht, dass die Lösung sozialer Konflikte die Ausbildung demokratisch-humanistischer Gruppenführer erforderlich mache und dass die Atmosphäre der Gruppe von der Führungsqualität des Gruppenleiters maßgeblich abhänge. Lewin erweiterte den Grundsatz des amerikanischen Philosophen John Dewey des *„Lernens durch Tun"* mit *„action research"*, d.h. der Herbeiführung einer Veränderung des sozialen Klimas. Einen guten Überblick über die Gedanken von Kurt Lewin finden sich in *Marrow* (2002).

18 *Wheeler* (2006), S. 81f. „Kurt Lewin sagte, „das Bedürfnis ordnet das Feld" und meinte damit, dass in jeder Auswahl und Konstruktion die Belange, die das wahrnehmende Subjekt fühlt und zu denen es sich am meisten hinwendet, unvermeidlich die Orientierung für die Ordnung geben. Dadurch werden gewisse Eigenschaften der Welt und des Selbst gegenüber anderen hervorgehoben, besonders die schöpferischen Lösungen, die in einem gegebenen Augenblick unsere Wirklichkeit ausmachen. Dies ist nichts weiter als zu sagen, dass unsere Auswahl der wichtigen Eigenschaften nicht zufällig stattfindet, sondern etwas mit den besonderen Problemen zu tun hat, die wir zur Zeit zu meistern versuchen. Wiederum begreift dies die Wirklichkeit von der Idee her, dass die evolutionäre Bedeutung unseres Gewahrseins nicht von unserer flexiblen Kraft zur Problemlösung zu trennen sei. Offensichtlich um zu überleben, wird das Problem, um das herum wir uns ordnen, ein solches sein, von dem wir „spüren", dass es in diesem Augenblick im Rahmen des weiter gefassten, von uns aufgrund unserer Natur konstruierten Bildes oder Zusammenhanges das am dringendsten zu lösende darstellt." *Wheeler* (2006), S. 88.

19 Mit dem Konstruktivisten Paul Watzlawick gibt es zwei Arten von Wissen: Wissen von und Wissen über Dinge. Ersteres ist jenes Gewahrsein von Dingen, das uns unsere Wahrnehmung übermittelt. Zweiteres ist das menschliche Grundmotiv, Wissen über die Gegebenheiten unserer Erfahrung ständig zu suchen, ihre Bedeutung für die individuelle menschliche Existenz zu verstehen und zu ihnen auf Grund dieses Verstehens Stellung zu nehmen. Aus diesen vielen Bedeutungen stellen dann die Menschen ein mehr oder weniger einheitliches Bild der Welt, in die sie sich „geworfen" fühlen und das ist mit Watzlawick ein Bild dritter Ordnung. Diese individuell-spezifische Form des „Inderweltseins" ist das Ergebnis der individuellen Wahl, ist der Sinn, den der Mensch einer Welt gibt, die vermutlich jenseits objektiven menschlichen Verstehens ist. Aus einer psychologischen Perspektive betrachtet, kann ein Mensch nicht in einer Welt überleben, die für ihn sinnlos oder sinnlos geworden ist. Die Abwesenheit von Sinn ist der Schrecken des existentiellen Nichts. Es ist jener subjektive Zustand, in dem die Wirklichkeit sich ganz aufzulösen scheint. Vgl. *Watzlawick/Beavin/Jackson* (1969), S. 242-253.

Über den Sinn als soziale Kategorie führt der Soziologe Norbert Elias (1897-1990) aus: „In den entwickelteren Gesellschaften verstehen sich Menschen weithin als von Grund auf unabhängige Einzelwesen, als Monaden ohne Fenster, als vereinzelte Subjekte, denen die ganze Welt, also auch alle anderen Menschen, als Außenwelt gegenübersteht und deren Innenwelt wie durch eine unsichtbare Mauer von dieser Außenwelt, also auch von anderen Menschen, abgetrennt ist." *Elias* (1989), S. 81-86.

„Neuer Sinn und neue Bedeutung entstehen durch Kombination neuer Inhalte mit vorhandenen sinnhaften Gedächtnisinhalten." *Roth* (2003), S. 93

20 Das Unbewusste umfasst nach Gerhard Roth aus neurobiologischer und psychologischer Sicht diejenigen psychischen Grundstrukturen, die unseren Charakter und unsere Persönlichkeit festlegen. Damit ist die Art und Weise gemeint, wie wir uns zu uns selbst und zu unserer natürlichen und insbesondere sozialen Umwelt verhalten, Bindungen eingehen, Impulskontrolle erlernen, Selbstvertrauen und Vertrauen zu anderen ausbilden. Somit ist unser bewusstseinsfähiges Gedächtnis im Wesentlichen gesteuert von Affekten und Emotionen. Vgl. *Roth* (2003), S. 145.

21 *Luhmann* (1990), S. 364. „Gregory Bateson hat in diesem Zusammenhang gesagt: Ich habe eine komplexe Situation, ich muss Komplexität reduzieren. Ich will aber die Komplexität nicht reduzieren, da ich dann etwas Wichtiges abschneiden würde. Wie kann ich mit der Komplexität umgehen, ohne sie zu kastrieren? Daher sage ich, lassen wir doch die volle Nichttrivialität der Komplexität des Systems rekursiv durchlaufen, dann kommen Strukturen zustande, die beobachtbar und greifbar sind, die identifizierbar sind, die - in einer anderen Sprache gesagt – invariant sind. Hinter vermeintlich statischen Zusammenhängen wird die Dynamik, werden die Operationen erfaßbar, die dazu führen, dass etwas so bleibt wie es ist. Eigenwerte sind ja nicht etwas passiv Beharrendes, sondern etwas aktiv Aufrechterhaltenes. Bestimmte Interaktionsmuster können ihre Gestalt nur dadurch behalten, dass irgendwelche Personen sich so verhalten, dass gerade dieses Interaktionsmuster immer wieder neu entsteht." Zitiert nach *Simon* (1998), S. 167. „Man nennt etwas „komplex", wenn zu viel miteinander auf zu überraschende, d.h. unberechenbare Weise zusammenhängt. Oder man nennt etwas komplex, wenn man sich über die Tiefendimension von Problemen verständigen will. Einfachheit ist der traditionelle Gegenbegriff zur Komplexität. Vereinfachung ist zwar immer möglich, aber früher oder später (meistens jedoch sofort) trägt sie ihrerseits zur Steigerung der Komplexität bei. Wir haben es also mit einer Paradoxie zu tun: Jede Vereinfachung steigert Komplexität, und zwar eine Komplexität, die nicht irgendwo anfällt, sondern genau da, wo vereinfacht wurde. Die Komplexität steigt schon deswegen, weil es Möglichkeiten der Vereinfachung gibt, die es immer noch erlauben, mit ihr umzugehen. Das Einfache ist nicht der Gegenbegriff zum Komplexen, sondern ein Moment der zur Steigerung der Komplexität betragenden Komplexitätsbewältigung. Komplexität ist die Lösung derjenigen Probleme, die aus Vereinfachungen entstehen, die nicht funktionieren. Oder genauer gesagt: Komplexität ist die Lösung derjenigen Probleme, die aus selektiven Vereinfachungen entstehen, die ihrerseits auf Ausschlüssen beruhen, die sich über Komplexität wieder bemerkbar machen. Komplexität ist ein Hinweis auf die Welt, in der Vereinfachungen vorgenommen werden." Zitat *Baecker* (1999),S. 27f.

22 Dieser Gedankengang stammt von Dirk Baecker und wurde vom Verfasser auf betriebliche Prozesse angewandt; Anm. Norbert Weiss. Vgl. dazu *Baecker* (1999), S. 173.

„Die moderne Systemtheorie ist u.a. aus der Einsicht in die Nichtmeßbarkeit der Komplexität entstanden. Die Kombinatorik der Möglichkeiten wächst geometrisch. Sobald man kleine Systeme mit zwei oder drei Elementen und drei oder vier Beziehungen überschreitet, hat man es mit einer unüberschaubaren Menge an Möglichkeiten zu tun. Und daraus entsteht das Problem des Messens." *Baecker* (1999), S. 173.

23 Jede Systembildung als Semiose (d.h. Bildung und Gebrauch von verschiedenen Zeichensystemen, Anm. Norbert Weiss) von Sinnsystemen ist zwingend Komplexitätsreduktion." *Baecker* (2005), S. 317.

24 Nach Dirk Baecker ist eine der wichtigsten Konsequenzen der systemtheoretischen Konzeption die Einsicht, dass jedes System sich seine Information und sein Rauschen selbst erzeugt. „Die Umwelt enthält keine Information", sagt *Heinz von Foerster* zitiert nach *Baecker* (1999), S. 47.

25 Vgl. dazu *Baecker* (2005), S. 319f.

26 Vgl. *Baecker* (2003), S. 202

27 Herbert A. Simon (1916-2001) war der Sohn deutschstämmiger Eltern, die Anfang des 20. Jahrhunderts in die USA ausgewandert waren. Simon war einer der einflussreichsten Sozialwissenschaftler des letzten Jahrhunderts. 1978 erhielt er den Wirtschaftsnobelpreis für seine bahnbrechenden Arbeiten der Erforschung von Entscheidungsprozessen in Wirtschaftsorganisationen. Seit Simon ist die begrenzte menschliche Rationalität ein stehender Begriff und Ausgangspunkt ökonomischer Untersuchungen von Entscheidungsverfahren in Wirtschaft, Industrieverwaltungen und Bürokratien. Einen Einblick in das Denken und die Erkenntnisse von Herbert A. Simon finden sie in *Simon* (1993).

28 „Rationalität ist die Möglichkeit, Mittel gegen Mittel auszutauschen, wenn damit die Zwecke besser erreichbar scheinen. Und Rationalität ist die Möglichkeit, Zwecke gegen Zwecke auszutauschen, wenn damit die Mittel besser ausgenutzt werden können." *Baecker* (1999), S. 300.

29 *Baecker* (1994), S. 53

30 *Heinz v. Foerster:* Abbau und Aufbau; in: *Simon* (1998) S. 32-51, hier S. 51.

Eine Geschichte, die das Erweitern der Möglichkeiten zeigt, erzählte von Heinz von Foerster: „Ein Mullah, ein islamischer Priester, reitet nach Mekka. Auf seinem Kamelritt sieht er eine Gruppe junger Männer, die sehr verzweifelt sind. Er fragt sie: Warum seid ihr so verzweifelt? Sie antworten: Unser Vater ist gestorben. Allah segne ihn!, antwortete der Mullah. Ihr habt doch sicherlich etwas geerbt, so braucht ihr nicht so unglücklich zu sein. Ja, sagen sie, wir haben diese 17 Kamele geerbt. Und er hat uns vorgeschrieben, wie wir sie verteilen sollen. Der älteste soll die Hälfte der Kamele bekommen, der mittlere Bruder soll ein Drittel der Kamele bekommen, und der Kleinste ein Neuntel. Nun haben wir also die 17 Kamele und wie immer wir das einteilen, wir können keine Lösung finden! Darauf sagt der Mullah: Ich borge euch mein Kamel. Jetzt habt ihr 18 Kamele; ein Neuntel, das sind zwei Kamele, erhält der jüngste Bruder; ein Drittel, das sind sechs Kamele, bekommt der mittlere Bruder; und die Hälfte, das sind neun, erhält der älteste. Insgesamt sind das 17 Kamele, so setze ich mich auf mein 18. Kamel und reite weiter. Realität – das ist meine Antwort auf die Frage – ist das 18. Kamel." Zitiert nach *Simon* (1998), S. 132

31 Vgl. *Kluge* (2002), S. 516. Der Philosoph Wilhelm von Ockham (1286-1349) legte die bedeutendste Logik des Spätmittelalters vor. Auf ihn bezieht sich die Maxime, das berühmte „*Ockhamsche Rasiermesser*", was aus einem erkenntnistheoretisch gemeinten, aber auch moralisch und wirtschaftspolitisch verwendbaren Sparsamkeitsprinzip besteht. Nach Ockham darf man keine Vielheit ansetzen, die es nicht notwendig zur Erklärung der Welt braucht. Vgl. dazu *Höffe* (2001), S. 121f u. S. 125-127.

32 Zitiert nach Steve *de Shazer* (1995), S. 168.

33 Vgl. *Nidiaye et al.* (1999), S. 182.

34 Bateson (2000), S. 77.

35 Dieser Gedanke geht auf Friedrich Nietzsche, zitiert nach *Simm* (2001), S. 264 zurück. „Es gibt für uns nicht Ursache und Wirkung, sondern nur Folgen." Friedrich Nietzsche, zitiert nach *Simm* (2001), S. 287.

36 *Hume* (1982), S. 44 und S. 63. David Hume (1711-1776) zählt zu den englischen Philosophen der Aufklärung und ist Zeitgenosse des großen Moralphilosophen und

Volkswirtschaftslehrers Adam Smith (1723-1790). Hume ist Empirist und damit gehen alle Vorstellungen letztlich auf die Eindrücke der äußeren und inneren Sinneswahrnehmungen sowie die Erinnerungen des Menschen daran zurück. Durch Einbildungskraft und deren geistige Operationen, die Assoziationen, entstehen nach Hume die komplexeren Wahrheiten. Selbst das Wissen, auf dessen enormen Fortschritt die Neuzeit stolz ist, die induktiv gewonnene Erfahrung ist nach David Hume keineswegs objektiv, sondern lediglich eine individuelle psychologische Vorstellung. Sehr empfehlenswert ist auch in der heutigen Zeit die Lektüre: Eine Untersuchung über den menschlichen Verstand. Hume (1982)

37 Hume (1982), S. 206.

38 Vgl. De Bono (2004), S. 95.

2 Motive menschlichen Handelns und Prozesse in Unternehmen

1. Roth (2003), S. 143.

2. Vgl. Roth (2003), S. 72f. „Unsere Wahrnehmungswelt ist die einzige Welt, die wir wahrnehmen können; die von unsrer Wahrnehmung unabhängige Welt ist nicht „dahinter", sie existiert erlebnismäßig überhaupt nicht, auch wenn wir mit gutem Grund annehmen, dass sie irgendwie vorhanden ist. Dies nennt man den erkenntnistheoretischen Zirkel; er verhindert, dass wir die Beziehung zwischen Welt und Wahrnehmung in ihrer tatsächlichen Beschaffenheit, ihrem Wahrheitsgehalt, überhaupt feststellen können." Roth (2003), S. 73.

3. Baecker (2003), S. 58

4. Vgl. dazu Baecker (2003), S. 67

5. „There can be no distinction without motive". George Spencer Brown zitiert nach Baecker (2005), S. 309.

6. „Lernende Organismen sind laut Ross Ashby Organismen, denen eine Umwelt beigebracht hat, gegen die Umwelt zu agieren und in der Auseinandersetzung mit der Umwelt eine interne Koordination der Teile auszubilden, die gegen Störungen resistent ist." Baecker (2005), S. 62.

7. Baecker (2003), S. 182f.

„Typisch für das Lernen von Fertigkeiten ist, dass es nicht immer wirklich „implizit" und damit dem Bewusstsein entzogen ist. Zu Beginn des Erlernens von Fertigkeiten müssen wir uns sehr konzentrieren. Je besser wir werden, desto weniger ist Aufmerksamkeit nötig, und desto mehr wird sie sogar schädlich. Das Bewusstsein zieht sich sozusagen aus der Sache zurück. Gleichzeitig aber erleben wir eine merkwürdige Sinnentleerung des Gelernten. Zu Beginn ist alles noch aufregend und neu, und wir betrachten das zu Lernende im Detail und mit großem Interesse. Mit zunehmender Beherrschung der Aufgabe denken wir uns immer weniger bei dem, was wir da tun und sagen." Roth (2003), S. 92. Vgl. zu diesem Gedankengang auch Roth (2003), S. 162f. „Menschliches Handeln geschieht zwar nach einer Kosten-Nutzen-Rechnung, allerdings unter Abwägung des Nutzens von Rationalität und Affektivität. Der Einsatz von Verstand und

Vernunft ist an einen ausreichenden Zugang zu Informationen gebunden, der begrenzt sein kann und Zeit und Aufwand erfordert. Manchmal ist es günstiger, relativ spontan zu reagieren und nicht lange rational zu analysieren. Rationalität ist danach ein Instrument zur Bewältigung komplexer, d.h. unübersichtlicher Situationen, aber es gibt Situationen, in denen Affekte wichtiger sind als Verstand und Vernunft. Nicht die Optimierung von Kosten-Nutzen-Verhältnissen ist das wichtigste Kriterium menschlichen Handelns und Entscheidens, sondern das Aufrechterhalten eines möglichst stabilen und in sich widerspruchsfreien emotionalen Zustandes in der handelnden Person." *Roth* (2003), S. 164.

8. Vgl. *Baecker* (2003), S. 195. „Innovation ist jene paradoxe Fähigkeit, die in Organisationen, die zur Aufrechterhaltung von Routinen eingerichtet worden sind, Routinen der Änderung von Routinen einführt." Baecker (2003), S. 251.

9. „Den einzigen grundlegenden biologischen Trieb, den Erich Fromm beim Menschen anerkennt, ist der Trieb zu leben und zu wachsen." „Der Mensch hat keinen angeborenen Trieb nach Fortschritt, aber er ist getrieben von dem Bedürfnis, seine existentiellen Widersprüche zu lösen, die auf jeder neuen Stufe der Entwicklung wieder auftreten." *Erich Fromm zitiert nach Rainer Funk* (1978), S. 49 und S. 175.

10. Unternehmerische Kompetenz liegt für die Systemtheorie nach Dirk Baecker darin, die Frage zu entscheiden, was wichtig ist und was nicht. Kultur ist nach Baecker eine Entscheidung über Werte, die akzeptiert werden, abgelehnt werden und neu vorgeschlagen werden können. Ein Unternehmer wird sich nicht darauf einlassen, mit seinen Mitarbeitern Werte zu diskutieren, weil sie dann nicht mehr verlässlich sind. Die Diskussion schwächt die Werte, weil man sich auch für andere Werte entscheiden kann. Dahinter stecken Einsichten von George Spencer Brown: *„Ein beobachteter Unterschied ist nicht identisch mit einem getroffenen Unterschied. Die Beobachtung erfährt die Unterscheidung als paradox, denn es wird unterschieden, was nicht unterschieden ist und rechnet sie dem zu, der sie trifft."* Der Unternehmer kann Werte dadurch kommunizieren, dass er durch sein Verhalten, seine Entscheidungen und seine Stimmungen zum Ausdruck bringt, was für ihn individuell wichtig ist. Eine Führungsdimension bekommt diese Vorgehensweise dadurch, dass verbal lediglich zum Ausdruck gebracht wird, was dem Unternehmer nicht wichtig ist. Daran zeigt sich dann, was dem Unternehmer im Umkehrschluss, wichtig ist. Denn würde der Unternehmer ausdrücklich sagen, was er für wichtig hält, wäre dies bereits eine Kommunikation über (seine) Werte. Das, was der Unternehmer für wichtig hält, drückt er indirekt aus, nämlich durch das, wie er tatsächlich handelt. Unternehmerisches Handeln - auch in KMU - wird demnach durch die Ungleichheit beschrieben, dass dasjenige, was der Unternehmer für wichtig hält, (selbst) zu tun, und über das, was er nicht für wichtig hält, zu reden. Dennoch sind beide Vorgehensweisen Kommunikation, denn beides wird von den Mitarbeitern beobachtet und hat auf dem Wege der Beobachtung Einfluss für das Handeln und damit die Kultur im Unternehmen. Vgl. *Baecker* (1999), S. 369f.

11. Vgl. *Maturana/Varela* (1987), S. 264f

12. *Bateson* (2000), S. 23 und *Bateson* (2000), S. 19

Gregory Bateson hat einen radikalen Paradigmenwechsel vollzogen, denn es wird die traditionellen Grenzen der Disziplinen überschreitendes Modell der Humanwissenschaften entwickelt, durch das die alteuropäische Unterscheidung zwischen Geistes- u.

Sozialwissenschaften auf der einen Seite und Naturwissenschaften auf der anderen Seite aufgehoben wird. Was physische, psychische und soziale Prozesse miteinander verbindet, ist, dass sie als Kommunikationsprozesse beobachtet und erklärt werden können.

„Was die Denkstrukturen der Amerikaner betrifft, so fällt auf, dass sie sich eher mit konkreten Fragestellungen als mit Abstraktionen beschäftigen. Daher lieben sie es zu messen. Um dies tun zu können, müssen kleine Details, kleine „Gestalten" isoliert werden. Nur im Blick auf die Zukunft bevorzugen sie große Gestalten. Das, was existiert, wird in kleine Stücke zerbrochen, das, was noch nicht existiert, wird großzügig und überdimensioniert dargestellt. Grundlagenprobleme werden in den Wissenschaften vernachlässigt, während Fragen der konkreten Anwendung im Vordergrund stehen. Während in Europa komplexe Denkgebäude existieren können, ohne jemals einem Realitätstest unterzogen zu werden, geht es in Amerika immer um Handlungskonsequenzen. Damit verbunden ist in der Fokussierung der Aufmerksamkeit eine klare Präferenz für Prozesse im Gegensatz zu Strukturen zu beobachten. In Europa ist das Ziel nicht die ständige Veränderung, sondern die Verfeinerung des bereits Existierenden. Der Europäer hat daher ein komplexeres inneres Leben, sowohl was sein Fühlen als auch was sein Denken betrifft, und Angst als Motivator spielt eine weit geringere Rolle. Konflikte müssen aus amerikanischer Sicht gelöst werden, und das geht durch die Suche nach Alternativen, Kompromissen und Veränderung. Handlung und Umsetzung sind hoch bewertet, d.h. um es in psychoanalytischer Terminologie auszudrücken, das „Ich" übernimmt die Führung in den psychischen Prozessen. Ganz anders der Europäer: Er schaut fatalistisch in die Welt, fügt sich ins Unvermeidliche und glaubt nicht so sehr ans Agieren. Er ist daher viel mehr mit dem „Es" und dem „Über-Ich" beschäftigt. Und er versucht, die widersprüchlichen Tendenzen seines Erlebens, Fühlens, Wünschens in seiner Persönlichkeitsstruktur zu integrieren. Unterschiede sind zwischen Personen akzeptiert, aber nicht innerhalb einer Person. Die Prinzipien, die sich im einen Bereich der Wirklichkeit bewährt haben, werden auf andere übertragen. Man strebt nach Ganzheit und Universalität, was aber nur um den Preis der Selbsteinschränkung möglich ist. Außerdem wird dadurch die Bereitschaft zur Veränderung behindert." Baecker (2005), S. 41-43.

13. Vgl. Bateson (2000), S. 39-42

14. „Wissen entsteht da, wo Prozesse selbst vollzogen werden und nicht da, wo jemandem etwas nur über etwas mitgeteilt wird. Denn keine Mitteilung von Information von außen, aus der Perspektive der Beschreibung, führt zu neuem Wissen für das System." George Spencer Brown zitiert nach Schönwälder et al. (2004), S. 260.

15. Vgl. Bateson (2000), S. 43. Es ist vielmehr so, dass die Regeln, die für das Universum gelten und die wir zu kennen meinen, tief in unseren Wahrnehmungsprozessen begraben sind. Vgl. Bateson (2000), S. 47. „Menschen kann es sehr schwer fallen kann, das Offensichtliche zu sehen. Der Grund liegt darin, dass Menschen selbstregulierende Systeme sind. Sie sind selbstregulierend mit Bezug auf Störungen, und wenn das Offensichtliche so beschaffen ist, dass sie es leicht und ohne innere Störung assimilieren können, dann setzen ihre selbstregulierenden Mechanismen ein, um es beiseite zu schieben, zu verstecken, selbst die Augen zu verschließen, wenn notwendig, oder verschiedene Teile des Wahrnehmungsprozesses abzuschaffen." Bateson (1981), S. 553. „Vor allem ist wichtig, dass viel von dem, was eingeht, bewußt abgetastet wird; dies geschieht aber erst, nachdem es durch den

vollkommen unbewußten Prozeß der Wahrnehmung gegangen ist. Die sinnlichen Ereignisse werden zu Bildern gebündelt, und diese Bilder sind dann 'bewußt'." *Bateson* (1981), S. 557. „Der Mensch hat die Gewohnheit, eher seine Umgebung als sich selbst zu verändern." *Bateson* (1981), S. 572.

16. *Bateson* (2000), S. 123. „Wahrnehmung arbeitet nur mit Unterschieden. Jede Informationsaufnahme ist notwendig die Aufnahme einer Nachricht von einem Unterschied, und alle Wahrnehmung von Unterschieden ist durch Schwellen begrenzt. Unterschiede, die zu klein oder zu langsam dargestellt sind, können nicht wahrgenommen werden. Sie sind keine Nahrung für die Wahrnehmung." *Bateson* (2000), S. 39f.

17. *Bateson* (2000), S. 272. „Wirklicher Erfolg liegt nur vor, wenn alle Interessen berücksichtigt sind und es im Wohl des Ganzen liegt." *Nidiaye et al.* (1999), S. 279.

3   Um was genau geht's bei der systematischen Prozessoptimierung eigentlich?

1. *Rosa* (2005), S. 386. Der Soziologe Hartmut Rosa entwickelt in seinem Buch über die Beschleunigung die Veränderung der Zeitstruktur in der modernen Welt und entwickelt dabei die These, dass die zunächst befreiend wirkende sowie befähigend wirkende soziale Beschleunigung, die mit den technischen Möglichkeiten des Transports, der Kommunikation oder der Produktion einhergingen, in unserer heutigen Zeit in ihr Gegenteil umzuschlagen droht. An die Stelle einer Vorwärtsbewegung tritt in der Wahrnehmung der Menschen eine in sich erstarrte Steigerungsspirale, bei der sich immer mehr Menschen fragen, was macht das überhaupt für einen Sinn.

2. Vgl. zu diesem Gedankengang *Rosa* (2005), S. 474.

3. Vgl. zu diesen Ausführungen *Rosa* (2005), S. 117-221.

4. *Luhmann* (1994), S. 143. „Die Zukunftsperspektiven verdunkeln sich und damit zugleich wächst der Entscheidungsdruck in der Gegenwart, denn nur in der Gegenwart, nur im Kontext einer gleichzeitig gegebenen Welt, ist man entscheidungs- u. handlungsfähig. Entsprechend scheint die Zeit schneller zu laufen." Niklas Luhmann zitiert nach *Rosa* (2005), S. 419.

5. Zu diesem Gedankengang vgl. *Rosa* (2005), S. 453-485.

6. Vgl. zu diesem Gedankengang *Sen* (2000). Stellvertretend ist hier ein Zitat angefügt, der den Zusammenhang zwischen Gerechtigkeit und Gemeinsinn darstellt: „Gerechtigkeit verlangt (nach Adam Smith), dass man sein eigenes Interesse zurückstellt und „ganz in Übereinstimmung mit den Ansichten handelt, welche sich jedem unparteiischen Zuschauer naturgemäß aufdrängen müßten" (Adam Smith). Gleicherweise könnte sie uns „höhere Äußerungen des Gemeinsinnes" (Adam Smith) abverlangen." *Sen* (2000), S. 322.

7. Vgl.dazu etwa *Seifter/Economy* (2001), S. 243.

„Nach Maturana umfasst eine erkenntnistheoretische Ethik zunächst drei Grundsätze: - Es kann kein absolutes System von Werten und Wissen geben, da die Basis der persönlichen Erfahrung niemals verlassen werden kann. - Die Überzeugung eines

Anderen kann niemals anders gelingen, als dadurch, dass dieser sein eigenes Überzeugungssystem fortentwickelt. - Der Mensch ist als ein Wesen, das zur Beobachtung seines eigenen kognitiven Tuns befähigt ist und daher von der Relativität seines ihm gültig erscheinenden Wissens wissen kann, vor die Aufgabe gestellt, sein eigenes Wertesystem zu wählen und zu verantworten." *Baecker* (2005), S. 288

8. Vgl. zu diesen Ausführungen *De Bono* (2004), S. 89-117.

9. Vgl. *Bilgri* (2006), S. 122f.

10. Vgl. zu diesen Ausführungen etwa *Baecker* (1999a), S. 326. „Nach Hegel bildet nicht die Antwort, sondern die Frage die Hauptschwierigkeit. Die wahre Kritik analysiert daher nicht die Antworten, sondern die Fragen." *Cohen* (2001), S. 100.

11. „Verantwortung braucht Freiheit. Ohne substantielle Freiheit und die Verwirklichungschancen, etwas Bestimmtes zu tun, kann jemand auch nicht die Verantwortung dafür tragen, dass er es tut." *Sen* (2000), S. 337.

12. Vgl. *Baecker* (2003), S. 49f.

13. *Erich Fromm* (2003), S. 16.

4 Systematische Prozessoptimierung in KMU neu gedacht

1. *Fichtl* (2002), S. 210

2. Der Begriff der Dialektik geht auf den Philosophen G.W.F. Hegel zurück, der damit eine Zusammenführung von These und Antithese auf einer höheren Ebene (Synthese) beschreibt. Nach hegelschem Verständnis gibt es einen Grundtatbestand der Humanität, der für alle Menschen gleichermaßen gilt. Die Natur der Humanität ist *„auf die Übereinkunft mit anderen zu dringen, und ihre Existenz in der zustande gebrachten Gemeinsamkeit der Bewusstseine".* Derjenige Mensch, der sich auf sein Gewissen zurückzieht und anderen Menschen, die nicht seine Meinung teilen, erklärt, dass es nicht dasselbe in sich findet und fühlt, verstößt fundamental gegen die Wurzeln der Menschlichkeit. Vgl. dazu *Hegel* (1980) S. 50-117.

3. *Hegel* (1980), S. 114 „Das Handeln ist eben das Werden des Geistes als Bewußtsein. Was es an sich ist, weiß es also aus seiner Wirklichkeit. Das Individuum kann daher nicht wissen, was es ist, ehe es sich durch das Tun zur Wirklichkeit gebracht hat." Man lernt sich nicht kennen, ohne zu vergegenständlichen – d.h., ohne sich selbst zum Gegenstand der Erkenntnis zu machen. Hegel zitiert nach *Cohen* (2001), S. 134

4. *Hegel* (1980), S. 117

5. In Hegelsche Termini übersetzt, kann man von der analytischen und synthetischen Seite des Unterscheidungsaktes sprechen. Vgl. zu diesem Gedankengang *Schönwälder et al.* (2004), S.238. „Widerspruch im dialektischen Sinne ist Inhalt eines viel komplexeren Verhältnisses; und ebenso: wo der Widerspruch „aufgehoben" ist, wird er „aufbewahrt", um im Fortlauf der Bewegung an anderer Stelle, in anderm Zusammenhang, auf ein anderes Niveau gerückt sich wieder zu melden. Er tritt, wo man ihn nicht vermutet, wieder in Erscheinung." *Althaus* (1992), S. 273. „Seiner Natur nach ist der Mensch „nach

außen gerichtet". Reflexion bedeutet seine Wendung nach innen, in ihr wird der Mensch sich selbst zum Gegenstand. Die bei Hegel vorherrschende Struktur ist die triadische. Sie manifestiert sich als Stufengang von Thesis, Antithesis und Synthesis, als Dreiakt des Denkens „an sich und für sich". In der Dialektik mit ihrem Prinzip der „Entzweiung" ist also eine Dreiheit gegenwärtig, die vor Platon bereits im Zahlensystem der Pythagoreer wegen der besonderen Rolle der Drei eine Schlüsselstellung eingenommen hatte." *Althaus* (1992), S. 296. „Bei Heraklit sieht Hegel diese Seinsspekulation auf den Höhepunkt gebracht. Er ist für ihn der erste Denker, der das Wesen der Ideen als die Einheit von Entgegengesetztem verstanden hat mit dem Resultat: Sein und Nichtsein sind dasselbe – und der Beglaubigung: Platon und Aristoteles haben nicht anders gedacht." *Althaus* (1992), S. 448.

6. *Hegel* (1980), S. 50 (Vorrede) Hegel fordert auf, vernünftig zu denken, d. h. auf die denkerische Tätigkeit des Unterscheidens zu reflektieren. „Die Gegensätze, die sonst unter der Form von Geist und Materie, Seele und Leib, Glaube und Verstand, Freiheit und Notwendigkeit bedeutend waren und alle Gewichte menschlicher Interessen an sich anhängten, sind im Fortgang der Bildung in die Form der Gegensätze von Vernunft und Sinnlichkeit, Intelligenz und Natur und absoluter Subjektivität und Objektivität übergegangen. Solche festgewordenen Gegensätze aufzuheben, ist das einzige Interesse der Vernunft. Dies hat nicht den Sinn sich gegen die Entgegensetzung und Beschränkung überhaupt (zu setzen), denn die notwendige Entzweiung ist ein Faktor des Lebens, das ewig entgegengesetzt sich bildet. Sondern die Vernunft setzt sich gegen das absolute Fixieren der Entzweiung durch den Verstand ... Wenn die Macht der Vereinigung aus dem Leben der Menschen verschwindet und die Gegensätze ihre lebendige Beziehung und Wechselwirkung verloren haben und Selbständigkeit gewinnen, entsteht das Bedürfnis der Philosophie. Es ist unter der gegebenen Entzweiung der notwendige Versuch, die Entgegensetzung der festgewordenen Subjektivität und Objektivität aufzuheben und der intellektuellen und reellen Welt als ein Werden, ihr Sein als Produkte, als ein Produzieren zu begreifen." *Hegel* (1970), S. 21f.

7. Vgl. *Hegel* (1980), S. 50 (Vorrede). Vgl. dazu auch *Lévinas* (1995), der eine Philosophie der konkreten Verantwortung für den Nächsten entwickelt hat.

8. „Die soziale Beziehung wiegt mehr als der Selbstgenuß." *Lévinas* (1995), S. 98

5 Systematische Prozessoptimierung in der unternehmerischen Praxis

1. Six Sigma ist eine Strategie zur Qualitätsverbesserung, die von amerikanischen Unternehmen – allen voran General Electric entwickelt und umgesetzt wurde. Die Ergebnisse können sich auf einer reinen Zahlen-Daten-Fakten-Basis sehen lassen: Die Kosten wurden sehr drastisch gesenkt und die Umsätze konnten teilweise sehr erheblich verbessert werden. Mittlerweile wird auch in Europa und Asien diese Prozessverbesserungsmethode immer mehr eingesetzt. Es werden bei der Six Sigma-Methode diejenigen Einsatzfaktoren identifiziert, deren Variation spezielle Ursachen hat und die einen Prozess vom gewünschten Zielwert abbringen. Entscheidende (sog. Breakthrough-)Verbesserungen entstehen dadurch, dass mittels der systematischen Prozessoptimierung Wege gefunden werden, um den Prozess insgesamt weniger anfällig für die Variation in den Einsatzfaktoren zu machen, mithin also ein sogenanntes „*robustes Design*" gesucht

wird. Vgl. *Kroslid et al.* (2003), S. 16. Die folgenden Ausführungen folgen den Darstellungen in *Kroslid et al.* (2003), S. 21-99. Qualitätskritische Merkmale sind kunden-, prozess- und vorgabenkritische Merkmale für wichtige Produkte im Unternehmen. Ein Hauptziel von Six Sigma ist es, z.B. 50% weniger fehlerhafte Transaktionen, Beschwerden, Rücknahmen, Nacharbeit, Produktionsausfälle, Lieferverspätungen und zu lange Antwortzeiten zu erreichen. Breakthrough-Verbesserungen konzentrieren sich auf deutliche Reduzierungen der variablen Kosten, aber genauso auch auf die Steigerung der Einnahmen, Reduzierung der Fixkosten, sogar auf die Verbesserung der Effizienz des Umlauf- und Anlagevermögens. Six Sigma leistet Beiträge zu:

i. Leistungen des Unternehmens dramatisch zu verbessern

ii. Pragmatischer Ansatz, der eine enge Verknüpfung von strategischen Zielen und den zu ihrer Erreichung erforderlichen Mitteln liefert

iii. Umfassendes Ausbildungsprogramm

iv. Umsetzungsfreundlicher konzeptioneller Rahmen

v. Erfolgreiche Mischung von Verbesserungsmodellen und -werkzeugen

vi. Konzentration auf qualitätskritische Merkmale von Produkten

vii. Tiefgreifendes Verständnis von Variation und Reduzierung von Variation

viii. Entscheidungsfindung auf der Grundlage von Fakten

2. Eine konkrete Anwendung der Six-Sigma-Methode stellt die das Prozessentwicklungs-Modell von General Electric dar, die folgende neun Schritte umfasst: (Vgl. dazu Kroslid et al. 2003, S. 65)

1. Strategische Ziele entwickeln

2. Darstellung des Prozesses

3. Qualitätskritische Merkmale identifizieren

4. Messzahlen identifizieren

5. Prozessmanagement-System entwickeln

6. Datensammlung

7. Leistung überwachen

8. Visualisierung der Ergebnisse

9. Prozessverbesserung umsetzen

3. Weitere in diesem Zusammenhang zu nennende Methoden oder Vorgehensweise respektive gedankliche Konzepte sind: *Total Quality Management* (TQM), *Kaizen*, als der japanische Ausdruck für Verbesserung; KVP-Methoden, die für Kontinuierlichen *Verbesserungs-Prozess* stehen. Diese Bezeichnungen sind weitgehend – wenn auch nicht immer exakt – synonyme Ausdrücke für den gleichen Sachverhalt: den der sytematischen Prozessoptimierung.

4. *De Shazer* (1995), S. 24)

5. „Man kann annehmen, dass das menschliche Selbstbewusstsein, die Fähigkeit, über sich selbst nachzudenken, im Wesentlichen − wenngleich wohl nicht ausschließlich − mit dem Besitz einer Sprache im menschlichen Sinne verbunden ist." Roth (2003), S. 61. „Die Sprache betont gewöhnlich nur eine Seite jeder Wechselwirkung." Bateson (2000), S. 80. „Die Welt ist ein Abbild der Sprache". Heinz v. Foerster, zitiert nach Baecker (2005), S. 300. „Die Sprache, das Wort nichts als Symbol. Denken d.h. bewußtes Vorstellen nichts als die Vergegenwärtigung Verknüpfung von den Sprachsymbolen. Der Urintellekt ist darin etwas ganz Verschiedenes: er ist wesentlich Zweckvorstellung, das Denken ist Symbolerinnerung." Friedrich Nietzsche , zitiert nach Simm (2001), S. 566.

6 Anforderungen an den betrieblichen Prozessverantwortlichen

1. Schiller (2000), S. 64

2. Schiller (2000), S. 71

3. Nidiaye et al. (1999), S. 354

4. Baecker (2003), S. 142.

Literaturempfehlungen

Althaus, H.:   Hegel und die heroischen Jahre der Philosophie. Eine Biographie; München 1992

Baecker, D.:   Postheroisches Management. Ein Vademecum; Berlin 1994

Baecker, D.:   Die Form des Unternehmens; Frankfurt/M. 1999

Baecker, D.:   Organisation als System; Frankfurt/M. 1999 (1999a)

Baecker, D.:   Organisation und Management; Frankfurt/M. 2003

Baecker, D./Kluge, A.:   Vom Nutzen ungelöster Probleme; Berlin 2003

Baecker, D. (Hrsg):   Schlüsselwerke der Systemtheorie; Wiesbaden 2005

Bateson, G.:   Ökologie des Geistes. Anthropologische, psychologische, biologische und epistemologische Perspektiven; Frankfurt/M. 1981

Bateson, G.:   Geist und Natur. Eine notwendige Einheit; 6. Aufl.; Frankfurt/M. 2000

Bilgri, A./Stadler, K.:   Finde das rechte Maß. Benediktinische Ordensregeln für Arbeit und Leben heute; München 2006

Birker, K./ Pepels, W. (Hrsg.):   Handbuch Krisenbewusstes Management. Krisenvorbeugung und Unternehmenssanierung; Berlin 2000

Cohen, G.:   Gleichheit ohne Gleichgültigkeit. Politische Philosophie und individuelles Verhalten; Hamburg 2001

DeBono, E.:   Taktiken und Strategien erfolgreicher Menschen. Erfolgsfaktoren erkennen – Mit Checklisten; Landsberg 1988

DeBono, E.: Bewerten – Beurteilen – Entscheiden. Wie Sie Ideen, Projekte und Strategien besser einschätzen können; Frankfurt/Wien 2004

de Shazer, S.: Der Dreh; 4. Aufl.; Heidelberg 1995

Elias, N.: Über die Einsamkeit der Sterbenden in unseren Tagen; Frankfurt/M. 1989

Fichtl, G.: Zitate für Beruf und Karriere; 2. Aufl.; Planegg b. München 2002

Fromm, E.: Augenblicke der Freiheit; Freiburg i. Br. 2003

Funk, R..: Mut zum Menschen. Erich Fromms Denken und Werk, seine humanistische Religion und Ethik; Stuttgart 1978

Goldratt, E.: Die kritische Kette. Das neue Konzept im Projektmanagement. Ein Roman über das neue Konzept im Projektmanagement; Frankfurt/M. 2002

Goldratt, E./Cox, J.: Das Ziel. Ein Roman über Prozessoptimierung; Frankfurt/M. 2002

Hegel, G.W.F.: Phänomenologie des Geistes, Ullstein Materialien, 3. Aufl.; Frankfurt/M. 1980

Hegel, G.W.F.: Jenaer Schriften 1801–1807. Werke 2; Frankfurt/M. 1970

Höffe, O.: Kleine Geschichte der Philosophie; München 2001

Hume, D.: Untersuchung über den menschlichen Verstand. Übersetzt und herausgegeben von H. Herring; Stuttgart 1982

Imai, M.: Kaizen. Der Schlüssel zum Erfolg der Japaner im Wettbewerb; München 1998

Kluge, F.:	Etymologisches Wörterbuch der deutschen Sprache; 24. Aufl.; Berlin 2002
Kroslid, Dag et al.:	Six Sigma. Erfolg durch Breakthrough-Verbesserungen; München 2003
Kroslid, Dag et al.:	Six Sigma umsetzen; München 2001
Lévinas, E.:	Zwischen uns. Versuche über das Denken an den Anderen; München 1995
Luhmann, N.:	Soziale Systeme. Grundriss einer allgemeinen Theorie; Frankfurt/M. 1984
Luhmann, N.:	Ökologische Kommunikation – Kann die moderne Gesellschaft sich auf ökologische Gefährdungen einstellen?; 3. Aufl.; Opladen 1990
Luhmann, N.:	Die Knappheit der Zeit und die Vordringlichkeit des Befristeten; in: Luhmann, N.: Politische Planung. Aufsätze zur Soziologie von Politik und Verwaltung, 4. Aufl.; Opladen 1994; S. 143-164
Marrow, A.:	Kurt Lewin. Leben und Werk; Weinheim 2002
Maturana, H/ Varela, F.:	Der Baum der Erkenntnis. Die biologischen Wurzeln des menschlichen Erkennens; Bern u.a. 1987
Nidiaye, S. et al.:	Führung durch Intuition. Die entscheidende Wende im Managemen; München 1999
Pears, D.:	Ludwig Wittgenstein; München 1971
Rosa, H.:	Beschleunigung. Die Veränderung der Zeitstruktur der Moderne; Frankfurt/M. 2005
Roth, G.:	Aus Sicht des Gehirns; Frankfurt/M. 2003

Seifter, M./
Economy, P.:   Das virtuose Unternehmen. Aktivieren Sie das Potenzial Ihrer Mitarbeiter mit der Methode des Orpheus Chamber Orchestra, des einzigen dirigentenlosen Orchesters; Frankfurt/M. 2001

Sen, A.:   Ökonomie für den Menschen. Wege zur Gerechtigkeit und Solidarität in der Marktwirtschaft; München 2000

Schiller, F.:   Über die ästhetische Erziehung des Menschen in einer Reihe von Briefen; Stuttgart 2000

Schlote, A.:   Du liebe Zeit! Erfolgreich mit Zeit umgehen; Weinheim 2002

Schönwälder et al.:   George Spencer Brown. Eine Einführung in die „Laws of Form; Wiesbaden 2004

Simm, H.-J. (Hrsg.):   Formel meines Glücks. Aus Friedrich Nietzsches Werken; Frankfurt/M. 2001

Simon, F. B.(Hrsg.):   Lebende Systeme. Wirklichkeitskonstruktionen in der systemischen Therapie; 2. Aufl.; Frankfurt/M. 1998

Simon, H. A.:   Homo rationalis. Die Vernunft im menschlichen Leben; Frankfurt/M. 1993

Sottong, H. et al.:   Das Unternehmen im Kopf. Schlüssel zum erfolgreichen Change-Management. Das Praxisbuch; München 2000

Vossenkuhl, W.:   Ludwig Wittgenstein; München 1995

Watzlawick/Beavin/
Jackson: Menschliche Kommunikation. Formen – Störungen – Paradoxien; Bern 1969

Weber. G. (Hrsg.):   Praxis der Organisationsaufstellungen. Grundlagen,
                      Prinzipien, Anwendungsbereiche;
                      Heidelberg 2000

Weick, K. E.:   Der Prozeß des Organisierens; 2. Aufl.;
                      Frankfurt/M. 1998

Wheeler, G.:   Jenseits des Individualismus. Für ein neues Ver-
                      ständnis von Selbst, Beziehung und Erfahrung,
                      Wuppertal 2006

Wittgenstein, L.:   Das blaue Buch. Werkausgabe Band 5. Eine Philoso-
                      phische Betrachtung (Das braune Buch);
                      Frankfurt/M. 1984

Wieland, W. (Hrsg.): Geschichte der Philosophie in Text und Darstellung;
                      Band 1 Antike; Stuttgart 1978

Zum Autor

Dr. Norbert Weiss, Dipl.-Volkswirt

Langjährige Beratungserfahrung in Industrie-, Handels- und Dienstleistungs-
unternehmen, insbesondere in kleinen und mittleren Unternehmen, aber
auch in Großunternehmen.

Geschäftsführer der symbio Beratungsgesellschaft und geschäftsführender
Gesellschafter der symbio EWIV – Organisationen & Persönlichkeiten.
Umfangreiche Erfahrung in folgenden Arbeits- und Beratungsbereichen:
Motivorientierte Akquisition, KVP, Konfliktmanagement & Mediation,
Coaching von Führungskräften, Supervision, systemische Organisations-
und Personalentwicklung, Wirtschaftsphilosophie.

norbert.weiss@symbio-ewiv.de

Norbert Weiss
Der innetrbetriebliche Prozess der Ideenbewertung
Voraussetzungen – Bewertungsmethoden – Ablauf
2006, 48 Seiten, RKW-Nr. 1514, ISBN 3-89644-261-9, 20

Norbert Weiss
Projektsupervision
Grundlagen – Durchführung – Erfolgsfaktoren
2006, 60 Seiten, RKW-Nr. 1516, ISBN 3-89644-263-5, 20

Silke Balbierz/Norbert Weisse
Kontaktmanagement
Die etwas andere Art zu akquirieren
2006, 48 Seiten, RKW-Nr. 1513, ISBN 3-89644-260-0, 20

Silke Balbierz
Ideen entwickeln, sammeln, bewerten
Mit dem Ideen-Zirkel zu neuen Produkten
2006, 48 Seiten, RKW-Nr. 1510, ISBN 3-89644-257-0, 18

RKW-Verlag, Postfach 5867, 65733 Eschborn
Tel.: 06196/495-2821, Fax: 06196/495-4401, E-Mail: <u>v@rkw.de</u>, www.rkw.de

Printed by Libri Plureos GmbH
in Hamburg, Germany